好好讲话

不管世界多大，
只有正在和我说话的你最重要

HAOHAO
JIANGHUA

黄正昌◎著

海天出版社（中国·深圳）

图书在版编目（CIP）数据

好好讲话 ：不管世界多大，只有正在和我说话的你
最重要 / 黄正昌著. — 深圳 ：海天出版社，2018.1
　　（说话的艺术系列）
　　ISBN 978-7-5507-2113-5

　　Ⅰ. ①好… Ⅱ. ①黄… Ⅲ. ①语言艺术－通俗读物
Ⅳ. ①H019-49

中国版本图书馆CIP数据核字(2017)第183084号

图字 ：19-2017-147号

　　本书中文繁体字版本由城邦文化事业股份有限公司布克文化出版事业部在台湾出版，
今授权深圳市海天出版社有限责任公司在中国大陆地区出版其中文简体字平装本版本。该
出版权受法律保护，未经书面同意，任何机构和个人不得以任何形式进行复制、转载。

项目合作 ：锐拓传媒copyright@rightol.com

好好讲话 ：不管世界多大，只有正在和我说话的你最重要

HAOHAO JIANGHUA: BUGUAN SHIJIE DUODA, ZHIYOU ZHENGZAI HE WO SHUOHUA DE NI ZUI ZHONGYAO

出 品 人　聂雄前
责任编辑　南　芳　王雪婷
责任校对　方　琅
责任技编　梁立新
装帧设计　知行格致

出版发行　海天出版社
地　　址　深圳市彩田南路海天综合大厦（518033）
网　　址　www.htph.com.cn
订购电话　0755-83460397（批发）　83460239（邮购）
设计制作　深圳市知行格致文化传播有限公司　Tel：0755-83464427
印　　刷　深圳市希望印务有限公司
开　　本　787mm×1092mm　　1/16
印　　张　13.5
字　　数　126千
版　　次　2018年1月第1版
印　　次　2018年1月第1次
印　　数　1—5000册
定　　价　39.80元

推荐序 一
受人欢迎，从尊重对方开始！

何飞鹏
（城邦媒体集团 CEO）

坊间谈论说话术的相关书籍，可能有千百本。但说到作者之学养、涉猎领域之广泛、举例之活泼实用以及将人际魅力学极宽广化地论及于职场、商场、社会、两性、亲子、婚姻、社群等各个层面，我认为这本书是其中极具特色、最值得推荐的好书之一！

知名讲师、畅销书作者黄正昌从生活周遭所观察的最贴切、生动的实际案例、故事着手，逐一说明我们如何从基本功开始，例如通过肢体语言、表情、声音等，打造个人魅力；接着分别从职场、业务营销、爱情及社群新媒体等各个领域，一一打破沟通迷思。

或许是因为作者过去曾经受过专业表演训练，当谈到如何善用每个人所拥有的三种表情——面部表情、声音表情及肢体表情去与人沟通时，所举出的种种例子真的相当有趣，让人"心有戚戚焉"。其中令我印象颇为深刻的一个观点是，他指出：根据经验，什么样的声音表情最受欢迎呢？答案不是好听的声音，不是赞美人的声音，也不是口才技巧最好的声音，而是"最懂得重视对方"的声音。

什么叫作"最懂得重视对方"的声音？当我们与人交谈，若能抱持着一种态度："不管世界多大，有几亿几千万重要的事件发生，但此时此刻，在我心中，只有正在和我说话的你最重要。"抱持这种心境讲出的话，就是"最懂得重视对方"的声音。黄正昌以极其简单的说明，点出人际关系学最重要的一个观念，亦即沟通表达至高的境界，从来都不是滔滔不绝、口齿伶俐；讨人喜欢的首要原则，也绝非逢迎拍马，而是学会倾听，时时把别人放在心上。

放在两性关系来看，更别说沟通有多么重要了！许多人在大众面前是受人欢迎的"当红炸子鸡"①，却不代表在爱情面前也能桃花朵朵开，找到理想的对象。这时作者也提出一个有趣的观点，他说，找不到对的人，往往是改不掉"错误的自己"；你要的幸福，就在"你不要的改变里"。

———————————

①当红炸子鸡：台湾地区流行语，比喻正走红，最近很受追捧的人或物。

我们可以一方面做自己，一方面让自己成为受欢迎的人。例如许多讲师以自信的光彩宣扬善的理念，备受欢迎，这是公领域上的大众形象，是经营"一对多"的正面印象；但爱情讲求的不是"一对多"的学问，而是进一步和特定的人"一对一"，那就牵涉到私领域的事。

然而越是在公众场合受欢迎的人，反而越容易跌入角色的迷思，紧紧握住"你不要的改变"。什么叫作"不要的改变"？ 好比说一个业务销售高手，讲话风趣，为了营销产品舌灿莲花。这样的人是很成功，但偏偏在爱情的路上，他这套风格未必奏效。因为"婚姻和爱情不是看舞台表演秀，一方表演给另一方看；相反的，它是二人合演一出幸福戏，双方各负责一半"。黄正昌这比喻很妙，点出爱情中两人的"互为主体性"！

本书的沟通技巧，用于职场人际经营与商场谈判更加有用，作者黄正昌在这块着墨甚多！例如商场上谈判的场合很多，有时你是处于劣势者，有时则是状况不明，或者双方势均力敌，甚至对方还暗藏玄机。他引用孙武《孙子兵法》的四招："能而示之能""能而示之不能""不能而示之能""不能而示之不能"，一一举例说明何时当用，并如何巧妙运用于日常生活的每个环节，包括亲子、夫妻间的沟通，相信读者看完后，必能大有斩获！

总之，一本好书应该深度及广度兼顾，有趣及有用并呈，我认为黄正昌这本书做到了，也希望读者自本书得到深刻的启发，让自己由内而外成为一个受人欢迎、人际沟通圆融练达的幸福人！

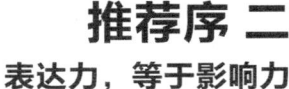

推荐序 二
表达力，等于影响力

侯乔腾
（日月知识股份有限公司 董事长）

正昌是个"奇葩"，才华横溢，他释放了他的天才本能。

我在行为科学的领域研究了二十余年，深知每个人的体内都住了一个天才，但不是每一个人都可以成为天才，正昌做到了。

正昌有两个特质——思维敏捷，表达入味，他只要"口随心转"，自然水到渠成，对四周产生影响力。多年前的某个凉爽午后，在言语中看到正昌美好的未来蓝图，我相信此人非池中物。

当在表达一件事情时，他总会让人看到画面，生动得仿佛历历在目；不仅如此，他还会让你启动情绪，接下来，很多事情都可能发生……

不仅只是那天的午后聊得愉快，而是每一次，你都会想去拥抱他，这是我所认识的正昌。

　　他充分了解自己的优势——热情、分享、乐观，但不仅止于自我了解而已，他由此找到自己最适合的舞台，并持续在正确的舞台上，扮演适合的角色。

　　长期下来，他成为表达的天才。出版这本书，再自然不过了，他只不过写出他相信的，写出他正在做的、他做成功的。相信这本书可以帮助到很多人。

目　录
CONTENTS

楔子
关于受人欢迎的秘密……

不会做人，你的成功是暂时的；

会做人，你的不成功也是暂时的。

你看过身边有很会做事却让人很讨厌的人吗？除非你是世出的天才或是非你不可的人才，不然，步入社会，"会做人"真的比"会做事"重要太多。当大家能力都差不多时，能与人和睦相处、到处受欢迎的人便会胜出，因为他让人觉得很舒服。这，就是你不得不知道、不得不接受的"潜规则"。

而"会做人"，常常是因为会说话、总能把话说得恰到好处。

张开嘴，你我都会说话，但"会说话"可就是门本事啰！君不见"一言兴邦，一言丧邦"。好比你看到我理个大光头，就说我看起来很像凌峰，这跟说我看起来很像范·迪塞尔，你猜我会比较喜欢听哪个说法呢？

所以即使有人很努力、很有能力，但话不能说到人心坎儿里，一样很难成功，因为当大家能力差不多、努力差不多时，白目^①者——败！

送给大家会说话和不会说话的效果对比：

会说话的老师让学生如沐春风，授业解惑，无往不利；
不会说话的老师让学生了无生趣，一知半解，自毁前程。

会说话的学生让老师记忆深刻，疼爱有加，用心栽培；
不会说话的学生让老师刻意冷淡，袖手旁观，头痛不已。

会说话的老板让客户甘心乐意，自掏腰包，免费宣传；
不会说话的老板让客户满怀愤怒，仅此一次，关门大吉。

会说话的顾客让老板满心欢喜，降价加赠，达到双赢；
不会说话的顾客让老板相当无奈，坚守底线，两败俱伤。

会说话的男人让女人"小鹿乱撞"，欢天喜地，以身相许；
不会说话的男人让女人"一见你就讨厌，再见你更伤心"。

---

① 台湾地区俗语，意指说话不留心眼、不识相、搞不清楚状况。

会说话的女人让男人服服帖帖，不敢乱来，天长地久；

不会说话的女人让男人倍感扫兴，不爱理睬，逃之夭夭。

会说话的长官让部属唯命是从，肝脑涂地，至死忠心；

不会说话的长官让部属阳奉阴违，暗箭伤人，决不相挺。

会说话的部属让长官龙心大悦，刻意提携，加薪封爵；

不会说话的部属让长官相当不爽，"打入冷宫""永不超生"。

会说话的人一生总是逢凶化吉，左右逢源，贵人不断；

不会说话的人一生总是打击不断，一事无成，小人缠身。

第 **1** 章

个人魅力，从这些地方开始！

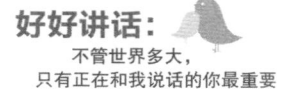

先来分享一个故事。

虽说是故事，却是生活中常见的情境：

办公室下午茶时间，几个业务同事正聚会，吴秘书兴冲冲地走进茶水间，拿出新买的手机说：

"Hello！Hello！你们看，这是我新买的 iPhone，排了两个月才拿到呢！"

业务张小姐，立刻很捧场地说："喔！太棒了，我想买这款好久了呢！你真有办法。"边说脸上还露出崇拜的表情。

业务李小姐，表现更热情，仿佛是她自己买到手机："哇！我就是喜欢这款啊！银色好好看啊！我喜欢这种太空灰的质感好久了。好喜欢、好喜欢……"

其他几个业务，也都很凑趣地说，好好看啊！但很明显就只是应付而已。

像是业务王小姐，就边看着吴秘书的手机，边说："很棒啊！不错的手机。"只是声音冷冷的，脸上没什么表情。

一个月后，公司有一个难得的海外参展机会，等于出差兼旅游，费用都由公司出。业务部有两个名额，老板问吴秘书的意见，吴秘书就推荐了李小姐和张小姐参加。

也因为这次的参展机会，李小姐和张小姐有更多机会让老板看到她们的能力，这两人来年都晋升为主管。

这个故事带给我们什么启示？

我几个朋友跟我说，他们觉得张小姐和李小姐太虚伪了。

很好，我也觉得似乎有点虚伪。但重点是，什么叫作虚伪？虚伪的反面是真诚，而在人际关系中，什么又是真诚？

难道说，每个人都要表现出"最真实的自己"？业务员看到陌生人就直说"我看你不顺眼"，员工对老板说"我帮你工作但我心里很不爽"，真的要这样吗？那我想，在人人都真诚的社会中，没有生意做得起来。

在职场二十年来，我看到了许多正向的人际关系案例，以及更多负面的人际关系例子。

而往往那些有负面人际关系的人，不论家庭事业，就是不会那么顺利。

但通常这样的人，不会觉得问题出在自己身上，而会指责，都是别人太虚伪，这个社会太虚假，等等。

不客气地说，这简直是现代版的阿Q了，追求一种自以为是的精神胜利，但难道我们一辈子就要让自己这样阿Q下去吗？

让自己成为一个有魅力的人，就是让自己成为一个受欢迎的人。

而做好这一切，可以从人的三种表情开始。

第1招

可以三"心"二意，但不要三"情"二意

有时候会碰到让我们三心二意的状况：刚刚相中一件黑色长大衣，觉得不错，正准备拿出信用卡，此时又看见另一件白色风衣，也很吸引你。这时，你三心二意了。

这样的事常发生，只要不妨碍他人，无可厚非。

但，若发生三"情"二意的情况，绝对会让你的人际关系大大扣分。

什么是三情？就是指人的三种表情。

上天是公平的，它给每个人三种表情。不论外表美丑，也不论是男是女、是何行业。只要掌握好这三种表情，人人都可以让生活过得更美好。

第一种表情，是脸部的表情。

我们人的脸由五官构成，佛语有云："相由心生。"你内

心的喜怒哀愁，脸部都展现得出来。但 EQ（情商）高的人，可以做到内心痛苦，表情却仍然显得正面积极。

第二种表情，是声音的表情。

别以为声音没表情。你有没有见过，一句话让整个场子热起来；相反的，一句话也可以让场子冷下去。那感觉就好像是一个笑容满面的人走进来，对照一个满脸杀气的人走进来的效果。

第三种表情，是肢体的表情。

肢体动作伴随着你的话语和声音，可以形成一种影响对方的力量。如果说的话是正面鼓舞的，肢体动作和声音却是冷冷的，那就像你一面开车，一面却又不断踩刹车一样，再怎样催油门还是燃不起冲劲。

每个人都可以透过这三种表情，让接受这些表情的人感到快乐。

当老板快乐，你的工作就会更顺利。

当伴侣快乐，你的爱情就会更幸福。

当客户快乐，你的业绩就会更飙升。

你让更多人快乐的同时，就会让自己成为更受欢迎的人。

牛顿的力学原理，当你施加一分力量的同时，会有一分等值的力量回馈给你。让更多人快乐，你自然而然吸收到更多快乐的回馈。

中国哲人有云："要怎么收获，先那么栽。"要想让人喜欢你，你就要播种让人喜欢你的种子。

三情二意，就好似你本已播下了可以让人喜欢你的种子，但你自己却又刻意把那颗种子给糟蹋了。

回到前面那个故事。

吴秘书兴冲冲地拿出新的手机和大家分享，以实务角度说，手机买来可以用就好，若手机有问题，该去找卖家，而不是找同事。吴秘书要拿手机给大家看，目的只有一个，那就是**"想看别人兴奋的样子"**。

这是一种社会交流的习性，你不能说她是纯炫耀。好比说，今天你要结婚了，或今天你的小孩满周岁了，你是不是会快乐地分享？其中当然有炫耀的成分，但这是种分享快乐的炫耀，既不伤人，又让场面欢乐，是让人际关系热络的一环。

好啦！现在明知道吴秘书想要看到别人兴奋的样子，你一

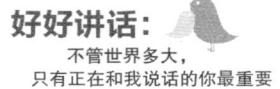
边赞美，一边却表现得很冷漠。这样的人别人不会说你是"真诚"，只会说你是"白目"。

一般人基本上都知道，在特殊场合里，例如婚宴场合，说话要吉祥吉利，笑脸迎人，不要哭丧着脸去煞风景；在丧礼场合，也不可嬉皮笑脸，讲话不得体，既不尊重别人，更贬低自己。但许多人就是犯了三情二意的错，也就是脸部、声音及肢体，三种表情不一致。

好比有个人担任丧礼司仪，他嘴巴说的是"请大家用恭敬的心情向亡者最后告别"，但他讲话的声音却兴奋激昂；或者，刚打完架的双方，被老师叫来握手言和，双方一边嘴里说对不起，一边却仍紧握拳头，随时想冲过去打人。三情二意，不但得不到原本的正面效果，甚至比什么都不做还糟。

我常说，三种表情是一种乘法效应，而非加法效应。

加法效应：1 + 1 + 1 = 3

以谈话来说，若你具备脸部表情，也具备声音表情，但却没做好肢体表情，那用加法效应来说，就是 1 + 1 + 0 = 2，但谈话以及它带给人们的印象，实际却是乘法效应。

1 × 1 × 1 = 1（一个比较大的 1）

如果你和对方谈话，声音表情做到了，脸部表情也有，肢体表情却错误了，那就是 1 × 1 × 0 = 0。也就是以结果论来说，你在对方眼中，这次谈话的效果是负面的，你是不受欢迎的。

　　因此，让自己成为受欢迎的人物，请先掌握好自己的三种表情。

第2招

你的眼睛
会说话

我经常在演讲的场合教大家说话的技巧——如何透过"正声""雅言"让听者受用，让对方喜欢你。若将见面交谈比作攻城略地，那么在用话语"征服"对方心灵城堡前，你的第一波攻势早已展开。

那就是"表情攻势"。

常看电视、电影的人一定看过这种画面，在一个双方剑拔弩张的谈判场合里，黑道大哥一出场，就以气势压倒众人，他用眼睛扫过全场一周，在场的人不禁被那目光震慑，纷纷低下头来。

再或者，在人群里，忽然有一个风姿绰约的女子走过来，大家不禁停下脚步看着她，只见她回眸一笑，嘴角俏皮地上扬，这表情让全场的人霎时如沐春风，三秒钟忘记走路。

所有谈人际关系的讲师，第一个强调的绝对是表情。脸部表情做得好，甚至你还不用开口说话，就已经是有影响力的人了。

在这世界上，最不能重来的就是第一印象。

一旦第一印象在对方脑海里留下了错误烙印，可能用一辈子的甜言蜜语都补不回来；相反的，若第一印象在对方脑海里已形塑得很正面，那你人再怎么坏，对方搞不好都还会找借口替你解释。金庸小说《神雕侠侣》中的杨康，初见面就让穆念慈全心为他倾倒，就算他变成大坏蛋，穆念慈也一样钟情于他；相反的，郭芙和神雕大侠杨过一开始就交恶，后来即使明知杨过是正义大侠，但郭芙心中还是摆脱不了对他的厌恶。

套在生活上，如果你去谈一笔生意，客户对你的第一印象不好，那之后你即便花了九牛二虎之力，也很难竞争得过另一家厂商。不是有句话说**"不要输在起跑线上"**吗？明明是个赛跑高手，但还没开始跑，就已被判定输了，你甘心吗？

人类文明发展的表征，就呈现在表情上。这是文明和野蛮的差距。人类之所以和其他动物相比可以"赢在起跑线"，不正是因为这一张张可以表现"社交力"的脸吗？

也许你口才不是很好，也许你懂得的社交辞令不是很多，但只要善用适当的表情，你还是可以赢得别人的喜欢。

而赢得别人的喜欢，用另一句话来说，就是成为**"受欢迎的人"**。

怎样做好脸部表情呢？

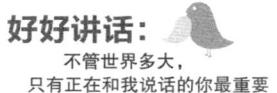

前面说的是"未语就先用表情影响对方"的例子，但在日常生活中一般的应对进退，又该如何做好脸部表情呢？很简单，该笑的时候要笑，该哀伤的时候就要哀伤。

如果别人讲笑话给你听了，你却没有笑出来，那就会让对方很尴尬。

笑有很多种，真正刺激到笑点，能够让你狂笑爆笑，那当然是最捧场的笑，但这无法强求。一般来说，至少要做到"面露欢愉，嘴角上扬"，说声："怎么那么有趣！"

其实，**社交的重点无他，尊重对方的感受而已。**

当一个人好心跟你分享一个笑话、感想、见闻，他不是一定要你做什么回报。他要的，只是你一个快乐的反应，一个快乐的表情，这要求并不高。相对来说，连这样不高的要求，你都无法满足对方，那你如何受到对方欢迎？

如果，你听到笑话了，却要装酷没反应，那结果不但让对方没有成就感，甚至还让对方陷入困窘的境地。

试想，如果一个人每次和你谈话，都得不到成就感；相反的，和另一个人讲话，却可以得到充分的响应，让他觉得自己很重要。那就不要奇怪，为何另一个人比较受欢迎，而你总是坐冷板凳了。

而在脸部表情中，最重要的就是眼神。

俗话说："眼睛是心灵之窗。"再怎么美的语句，搭配错误的眼神，让别人觉得你的心灵和话语不搭，那赞美的效果就大打折扣。

例如你和人讲话，却不敢看对方，眼神飘来飘去的，给人一种没自信以及不诚恳的观感，这会让对方很不舒服。因为你眼神飘来飘去，会让人无法正视你的眼睛。我知道很多人就是不敢看对方，不看对方不是因为瞧不起对方，而有可能是害羞、没自信，特别是面对不熟的人。但如果你想当一个成功的人，一个受欢迎的人，就必须克服这一点。

但也不是要你盯着人家，那样又做得太过，又变成一种不礼貌的行为。

我的做法是，谈话时，基本上整体的视线要看着对方，但不是分分秒秒盯着，而是带着倾听的态度，大部分时间都是看着对方的方向。然后最重要的是要搭配柔和的眼神，那种境界就像你去听一场很棒的音乐会，完全融入其中的感觉。

俗话说："眼睛会说话。"你那双柔和的眼睛，时而露出专注（啊！原来是这个道理），时而露出笑意（啊！你讲得太棒了，我"心有戚戚焉"），时而露出讶异（啊！今天受教了，你真有学问），时而露出迷惘（啊！你的境界好高啊），时而露出羡慕（这位大师，听你一席话真好，下次一定要再听）。不论你有没有一双美目，当你用这样"会说话"的眼睛，专心听对方讲话，就算你一句话也没说，也已经具备"无声胜有声"的效果了。

第3招

善用声音魅力表达： "你最重要！"

好听的话人人会讲，但有没有注意，明明是同样的话语内容，为何不同的人讲出来，效果会不同，甚至印象完全相反？

同样是"你好漂亮"这四个字，当甲讲"你好漂亮"，女孩子不禁脸红心跳。因为甲以诚恳的目光，搭配坚定的语气，对方当然会怦然心动。

但当乙讲"你好漂亮"，女孩子只感到尴尬不知所措。因为乙以闪躲的眼光，搭配发抖的声音，感情太明显，反而吓到对方了。

而当丙讲"你好漂亮"，女孩子只感到厌恶转身想走。因为丙以带点猥琐的表情，搭配很猪哥[①]的声音，只让对方感觉那人下流。

声音当然是有表情的，从前面例子就可看出，同样的四个字，却有不同的"表情"样貌。

---

①猪哥：在闽南语中对好色男人的一种称呼。

任何人都可以从声音中判断出对方是善意、恶意、无意或随意，更可以从声音中判断一个人是快乐、悲伤、热情还是冷漠。就算是一个"强颜欢笑"的人，敏感心细的人还是可以看出他的"另一种表情"。

根据经验，什么样的声音表情最受欢迎呢？答案不是"好听"的声音，不是"赞美人"的声音，也不是"口才技巧最好"的声音，而是**"最懂得重视对方"的声音**。

什么叫"最懂得重视对方"的声音？当我们与人交谈，若能抱持着一种态度：**"不管世界多大，有几亿几千万重要的事件发生，但此时此刻，在我心中，只有正在和我说话的你最重要。"**

抱持着这种心境讲出的话，就是"最懂得重视对方"的声音。

因为此时此刻**"你最重要"**，所以我们要用这样的态度和对方交流，响应对方的谈话。试想，如果你就是那个被认为"最重要"的人，不论是谈感情、谈事业、谈交友，你会不会因此更喜欢对方呢？肯定会为对方加很多分的。

甚至当双方身为敌人，好比是在辩论比赛的场合，在对敌的当下，都以最"重视对方"的心态来交流，最后不论谁输谁赢，都会视对方为"值得尊敬的对手"。

相反的，在任何比赛的场合，如果你根本"视对方如无物"，那就是一种极大的侮辱。如果想让一个人很快恨你，最

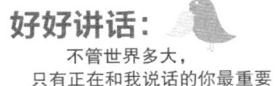

好的方法无他，就是这招"视对方如无物"。

在生活中，我们要让自己成为一个受欢迎的人，首先，就必须让对方透过你的脸部表情及声音表情，感知到"你重视他"。

一般的谈话交流，最常用的回应方式有两种：一种是声音表情；一种是脸部表情。这两种表情一定要互搭，至于肢体表情，不一定在每个场合都用得上，但至少脸部表情和声音表情要能够正面呼应。

常见有人讲话是没有表情的。

甲："你看，这是我新买的平板计算机，它的摄像头具有很高的像素，还有夜拍性能喔！"

乙："真的很棒。"（声音平淡，表情懒散。）

甲："我昨天晚上在家中庭院试拍，还请我太太当模特儿，体验夜晚拍摄的感觉，你猜怎样？效果超好。你看，我给你看相片。"

乙："很好啊。效果不错吧。"（声音没什么朝气，表情淡漠。）

甲："啊！我忽然想到，我跟人家有约，快迟到了，那我先告辞，改天再聊吧！"

一个讲话没有声音表情，也没有脸部表情的人，不管讲的话是否正面，对于谈话的对方来说，都好像不断被泼冷水。如果人家每次见到你，就觉得又要被泼冷水了，那如何让人愿意接近你？

有个成语："有感而发。"发为声音，因为内心有种种的感觉，这种感觉一定不会是平平淡淡的。好比说，你和一个人讲话，从头到尾，你貌似专注地听讲，但整个过程就只是"嗯！哼！嗯！哼！"初始对方还认为你专心听讲，他很高兴，但半小时过去，你还在"嗯！哼！"那他就觉得你根本只是在虚应故事。

好的听讲者，一定要适时发出回应，并且具备不一样的抑扬顿挫。

"啊！原来如此。"

"真的耶！好可惜！"

"赞！你做得好。"

"哇！你真厉害！"

不时出现这样的回应，会让对方听了"龙心大悦"，并且在同时间对你的印象大大加分。

第4招

不必千言万语，
只需肢体语言

不论在商界、职场或情场，很多人常纳闷，明明我一表人才，学识经历都完整，上台讲话也言之有物，但为何每次最后的结果我总是"高票落选"呢？那肯定是因为你在三种表情中的第三种关键表情，也就是肢体表情没做好。

大人物特别需要展现肢体表情。因为身为名人，他们的声音早已在各种场合让别人听见，脸部表情也经常在媒体上曝光，喜欢和不喜欢他的人都早已定调，再好的表现也不会因此多拉拢一个支持者。此时，突破僵局，让自己的受欢迎度再次破表，就靠最后绝招，也就是肢体表情。

经常看到一个人，因为某个机缘可以亲近大人物，好比说有机会近距离和政要拍照；好比可以和心仪的偶像剧男主角见面；或者远的不说，就说职场上被集团总裁召见。当这些大人物很"亲切""温和"地和你握手，甚至拍拍你的肩膀时，由于原本心中有道自我设定的"大人物"制式印象，觉得他们一定都是高高在上的，一旦他们表现出和你平起平坐的善意肢体语言，很多人就会在一刹那间，心甘情愿地把心都交给他们了。

有个实际的案例，我一个在大集团任职低阶主管的晚辈朋友，平常私底下很爱骂他们集团老板，说他是压榨员工的坏蛋，但在一个特殊机会下，他荣获那位"坏蛋"召见，虽然那次见面不到十分钟，但从此他却态度大转变，成为忠心耿耿的"拥主派"。

其实过程也没什么，老板除了陈腔滥调的勉励话语，也没说什么有智慧的话，只不过是走到他面前，双手轻抚着他的肩膀，用柔和但不失威严的声音说着："年轻人，你做得很好，公司未来就靠像你这样的人了。"

霎时，我那位原本爱耍酷搞叛逆的晚辈朋友，竟然泪崩了，哭得不能自已。

此时老板乘胜追击，像对朋友一样，用手环绕他肩膀，也没再说什么，就拍了他几下。这位"流下英雄泪"的年轻小伙就被老板征服了。

是的，这不是特例。事实上，凡是事业做得够大的老板们都善用此招，屡试不爽。

也许，很多人会暗骂，太假了！搞不好那年轻人一走出房间门，老板就忘了他姓啥名啥了。但信不信，就算我事先告诉你老板会用这招，大部分人一旦身临其境，还是忍不住会对老板兴起好感。

这就是肢体表情不可挡的魅力。

也许你说，我没有要成为大人物，我只想在日常生活中能够受欢迎，但那也是同样的道理。一个肢体表情做不好的人，人际关系一定会被扣分。

常听一个人讲话，其实内容也没什么特别，但因为他的声音"唱作俱佳"，搭配上精彩的手势，于是你就觉得他谈话很吸引人。

当人与人互动时，讲话内容到位了，声音也到位了，包括表情也都充满热情，但肢体语言没做好，结果就会功亏一篑，甚至给人留下负面的印象。

例如，双方谈话，你赞美对方："这件事做得很 Perfect（完美）嘛！"同时用热情的语气说出这句话，但讲话时，却两手交叉放胸前，身子不当地摆动。本来是一句赞美的话，但搭配错误的肢体语言，一下子变成是一种"挑衅"，好像意思变成是："喔！这件事你做得很 Perfect，怎么样，你很了不起是不是？"

有句话说："感觉比语言快十倍。"

在你还没开口前，感觉已经先传达出一个印象给对方。如果这印象是负面的，那即便后来谈话内容是正面的，也要花一番工夫，才能化解先入为主的坏印象。

有很多负面的肢体表情，一定要避免。例如前述的"双手交叉抱胸"，这是一种带着强烈防卫意味的动作，意思是"你说什么？我不信任你"。

而现代职场人常见的另一种负面的肢体动作，就是边讲话，边看手机。从前没有手机的时代，人们会不时看表，表示不耐烦，意思是"你到底讲完了没？我很忙，可否不要再讲了"。手机普及后，现代人时时刻刻都在看手机，其实不一定是在赶时间，只是习惯使然，要看有没有信息。但这在谈话中是很忌讳的，对方会想："如果你觉得我那么不重要，那下次还是不要见面吧！"

除了不要表现一些负面的肢体表情外，依照和对方的相熟程度，最好还要表现一些积极的肢体语言。例如，如果对方是好友，或者是同性别的普通朋友，配合好的讲话语气，搭配一些积极的肢体动作，会让别人对你的印象大大加分。

例如李太太对王妈妈说："我的孩子刚考上 ×× 中学。"

王妈妈："哎呀！恭喜恭喜，你的孩子好厉害喔！真是光宗耀祖耶！"

并且王妈妈很热情地拉着李太太的手说："李太太啊，你一定要告诉我，你是怎么教小孩的呀！我家那个都不读书。"

其实李太太会讲孩子考上 ×× 中学，真正的目的，还是要炫耀自己很会教养小孩，此时王妈妈这么"捧场"，当然让她喜形于色，立刻不吝分享。

可想而知，王妈妈会被列入亲朋好友间的"最受欢迎名单"。

我的朋友都喜欢听我演讲。他们说我的演讲，是真正的演讲。所谓演讲者，就是既"演"又"讲"。

如果是只讲不演，如同很多学校老师上课一般，学生听了昏昏欲睡。

如果是只演不讲，那就是言之无物，只是浪费时间。很多哗众取宠型的讲师，单靠噱头吸引学生。久而久之，学生发现上课都只是在看老师表演，没具体知识内容，还是会逐渐离开。

所以切记，"演"的魅力及威力，可是不逊于"讲"喔！

第5招

九大法则
累积你的受欢迎点数

不知道从哪一年开始，各家便利超市都在玩积点游戏，从原本的单一营销做法，变成超市的基本做法。每次去超市买东西，除了发票、找零外，还会拿到一张张的"点数卡"。

在超市买东西积点，可以兑换 HELLO KITTY（凯蒂猫）公仔、各种可爱文具或卡通杯，等等。但其实，我们每个人在交际的场合里，也都是在积点。只不过这积点不是换来实体的娃娃，而是换取我们的"受欢迎度"。

每个人都想快速累积自己的受欢迎度，但要如何累积呢？

当你能力很强、很受重视、专长难以取代，甚至有些事非你不可时，你受不受欢迎？是的，你很受欢迎。但这种基于"现实面"的欢迎，力道总是不够。是不是哪一天你熟悉的技能被取代了，你就被弃如敝屣呢？这是非常有可能的。

当你资历够深，在业界人家都尊称你是"大哥"或"大姐"，那算不算受欢迎呢？是的，你受欢迎。但任何的感情，若带着点权威的成分，那就不是实质的受人欢迎。不是有句话说："当人们对你感到敬畏是因为你的制服，那么脱下制服，你就失去了敬畏。"所以，当人们对你逢迎只是因为你的职衔，那你卸职后，就是个 Nobody（无名小卒）。

那怎样做才能实质地永远受到欢迎呢？靠着日积月累，善用人际关系，散发出真正属于个人的魅力，才能拥有永久的"受欢迎值"。

套用现代御宅族 ① 最爱的在线游戏术语，想要在社会上生存，除了两大必备数值：Exp（经验值）、HP（生命值）要够之外，还有一个很重要的数值就是 MP（魔法值）。

什么是魔法值呢？在人与人互动时，魔法值高的人，就是可以"影响"更多人的人，也就是更让人喜欢的人。

在此，我觉得卡耐基的"九大人际关系法则"，是我最推荐读者作为日常生活积点的方法。虽然他的理论已经问世超过七十年，但一点也不会过时，永远是我们培养人际关系时最有效的准则。

在此和大家分享这九大法则：

卡耐基人际关系法则一：不批评，不责备，不抱怨。

卡耐基人际关系法则二：给予真诚的赞赏和感谢。

卡耐基人际关系法则三：引发他人心中的渴望。

---

①源于日文"OTAKU"，指热衷且精于动漫及电脑游戏的人。

卡耐基人际关系法则四：真诚地关心他人。

卡耐基人际关系法则五：经常微笑。

卡耐基人际关系法则六：记得别人的名字。

卡耐基人际关系法则七：聆听，鼓励他人多讲自己的事。

卡耐基人际关系法则八：谈论他人感兴趣的话题。

卡耐基人际关系法则九：衷心让别人觉得他很重要。

我把这九大法则分成两大类别：一个是保守基本面，也就是你"基本要做到的"，否则你不但无法受欢迎，甚至将名列被讨厌的黑名单内；一个是积极面，这也是一般人比较少做到的，但若能多做到这一面，你将累积更多受欢迎点数。

保守基本面的做法，就是你若不能主动做什么，至少不要做些负面的动作。包括与人交流不批评，不责备，不抱怨，要经常面带微笑。还有，你最好能够记得别人的名字。口才好不好没关系，但一定要懂得聆听。

若能做到这几点，至少你会成为一个"不被讨厌的人"。

但我还是鼓励读者，用心和人交流，只要再多努力一点点，就可以从"不被讨厌"升级到"受欢迎"。这一点也不难，只需做到：

第一,当你在和人谈话时,除了聆听外,要适度鼓励他人多讲自己的事。

相信我,若问全世界多数人他们最爱的人是谁?答案一定是"他自己",其次才是爱人、父母,等等。你让对方多谈自己,对方也会感觉到你对他的"厚爱"。当一个人把自己内心都和你分享了,他当然也会把你升级为重要的人。(否则他为何要和不重要的人分享他的内心?)

第二,在各种人与人之间互动的场合,一定要适时地给别人真诚的赞赏和感谢。

请注意,赞美有很多种。虚情假意的赞美,只会让人觉得你是在逢迎谄媚、拍马屁。因此,赞美之前也是要做点功课的。诸如称赞一个七十岁的女性长者,说她"风情万种",称赞一个屠夫是"积德的大善人",怎么听都觉得你的赞美有点像是在讽刺,这样的赞美效果可能会弄巧成拙。

第三，与人交流时，一定要谈论他人感兴趣的话题，并且把握各种机会，让对方觉得他很重要、他被重视了。

在各种社交场合里，最让人反感的就是"自吹自擂、只讲自己丰功伟绩"的人。这样的交流只适合在学校，老师授课给学生往往是这种模式。但即便是教育，一个好的老师一定也懂得让学生自己发挥，善用自己的思考力站起来发言。

在社交场合，若只一味想当别人老师，那大家下次为了不再"当你的学生"，一定远远看到你就避之不及。相反的，若你时常给对方机会，让他可以"当当老师"发表高见，那下回他肯定会很乐意再见你。

九大法则，不需要高深技巧，人人都做得来，只看你愿不愿意好好地为自己的人际关系积点。

第6招

成就别人，
也造就自己

　　除非，你百分百身体健康、家庭幸福、既富且贵，生活中完全不需要他人；或者你在孤岛上一个人生活，被逼得凡事都得自己设法解决，否则，我所认识的任何人，都需要另一个人。

　　每个人都需要养家糊口，需要老板更多关爱，或得到更多的客户；就算是不缺钱的人，至少需要律师、医师、老师这三师，也需要爱人和朋友，让自己不寂寞。

　　人在这世上都或多或少需要其他人，所以每个人无可避免都需要经营人际关系。然而，人际关系最忌讳"临时抱佛脚"的做法。

　　我们都碰过这样的事：许久不见的老同学，明明八百年见不上一次面，却突然来电，问候你的家庭事业，突然"关心"起你了。当接到这样的电话，八九不离十，对方闲扯几分钟后，就会导入正题：要跟你借钱或者要你买什么产品。

　　也许，对方来电时做足了卡耐基的人际关系九大法则，但你心里就是不舒服，因为你知道对方不是真心诚意的。

所以要建立好的关系，平常就要累积基础。佛家有句话讲得好："我们平日要建立善缘，要积阴德。"《圣经·提多书》也说："不要毁谤，不要争竞，总要和平，向众人大显温柔。"

但要怎么累积基础呢？除了善用卡耐基人际关系九大法则外，我有一个快速提升积点的方法，那就是加强"赞美的力道"。

这件事如此的重要，却又如此的常被忽略。就我来看，我觉得人们每天都有无数个可以积点的机会，但却被太多人白白浪费了，就好像明明有很多合法的现金放在一旁等你拿，你却视而不见地经过，非常可惜。

什么是你积点的机会呢？可以说"每次谈话都是积点的机会"。

每个人都需要被赞美，并且这赞美要和他的专长有关。

我与人谈话的模式，不论谈的是什么，我绝对三句两句就插入一句类似这样的对白：

客户："我觉得这产品很符合你的需要。"

我："真的好感谢你，和我分享这样的产品信息。"

员工："老板，提交上个月的业绩报表给您过目。"

我："还好有你，公司的运作我都不担心。"

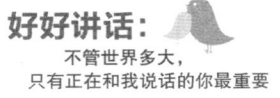

太太："老公，晚餐做好了，快来吃吧！"

我："真幸福娶到你，光吃饭这件事，我就觉得好享受。"

人类存在的三要素是"阳光、空气、水"。但对我来说，生活存在有四要素，就是"阳光、空气、水和赞美"。在日常生活中，我运用赞美，就像呼吸一样自然，并且是真诚地去发掘每个人的优点，这已是根深蒂固的习惯，也造就了我良好的人际关系。

生活中太常看到，身在宝山旁，却因不懂赞美，空手而回的案例。感觉上，许多人老是只为了取得金鸡蛋，就把金鸡杀死。

另一种快速积点的办法，甚至不用花时间赞美别人，只要懂得关心对方就好。所谓关心，最浅显易做的方式就是"倾听"，告诉对方我很"重视"你。更有力道的方式是多提几句关怀的话，加进诚心的肢体互动，如握手、拍肩等。

虽然听来没什么，但这简单的道理，在人际关系上却很有效。

做业务的，要拜访客户，第一优先要谈的是客户，第二才是产品。产品这回卖不出去，没关系，客户还在，总有一天还是有机会的。但若没抓住客户的心，就算把产品讲得天花乱坠也卖不出去。或者，你可以凭三寸不烂之舌强迫客户买单，但下回他再也不会和你做生意。

以下是常见的例子：

保险业务员甲去拜访林先生，先开口寒暄一阵子，根据事先做的功课，大力地称赞林先生事业有成，是个令人尊敬的企业家。接着话锋一转，鼓励林先生买最新推出的人寿保险，因其是个可以节税的好工具。此时林先生忽然提到，他昨天听医生说他有糖尿病的征兆，要注意养生。业务员甲这时露出关怀的表情，说声："林先生，你要保重喔！得糖尿病的人要特别注意饮食。"接着又把话带回原本的话题，继续讲解他的保险。

另一家公司的保险业务员乙也去拜访林先生，同样的，他初次见面就大力赞扬林先生，也同样有好的保险产品要和林先生分享。只是，当林先生提到他可能有糖尿病时，业务员乙立即放下手边的保单，握住林先生的手，告诉他："不要担心，这是现代人常有的病症，可以跟我多聊聊医生和你说什么吗？"

接下来一个小时，业务员乙完全在听林先生讲话，半句也没聊到保险的事。最后要走的时候，业务员乙也没多做推销，只是要林先生多注意饮食，保重身体。

结果如何呢？第二天林先生主动打电话给业务员乙说："你不是有保险产品要介绍吗？我很有兴趣，约个时间来谈谈吧！"至于保险业务员甲，虽然之前讲得口沫横飞，把保险的优点分析得透彻淋漓，但他给林先生的资料，早被林先生丢进垃圾桶去了。

日常生活中，我可以看出谁有"受欢迎的潜能"，不是长得帅的，也不是口才一流的，而是那些懂得把握机会时时积点的人。

与人谈话时，明明知道对方有很多优点，却一句也不在谈话中应用的人，绝对不会成为受欢迎的人；知道对方优点，也懂得赞美对方，但却用来作为社交礼仪，无法深入成为一种全程的互动，也就是不懂得把对方当成重要的人，这样的人还是无法受人欢迎。

有句话说："成就别人，也造就自己。"善于人际交往的人，一定也是最懂得把握时机"成就别人"的人。

第 7 招

假诚实真白目，
是谈话大忌

　　经常听到一些人际关系不好的人，半自我安慰、半自我辩护地说，他之所以不会讲话，是因为他"个性太直了"；甚至有人会说："大家都不想当坏人，只好我来当了，你们都不敢讲实话，那就我来承担坏蛋的罪名。"

　　难道说人与人交流，只能说好听话，不能说实话吗？这样的社会会不会太虚伪呢？

　　这问题要分两个层面来讲：

　　第一，好听的话就一定是"谎话"吗？

　　每个人、每件事本就有多重的面向，明明同一件事，有很多个角度可以谈，你偏偏要拣缺点来说，并自以为是"真诚"，其实这只不过是另一种形式的"蓄意找碴"。

　　第二，针对缺点，还是有些场合要说实话吧？

　　是的，在此强调，本书教你成为一个受欢迎的人，但绝没有教你成为一个"言不由衷""睁眼说瞎话"甚至"指鹿为马"的人。

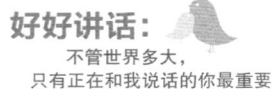

到底什么时候该说实话，什么时候又该说礼貌正面的话？答案在于"时机点"，且说出的话有一共通目的，一定都是"为了对方好"。

再以前面举过的银色手机为例。若当时情境不是吴秘书"已经"买了iPhone8，而是"准备"要买iPhone8，那时机点上，因为要讨论的事尚未发生，所以这时就是"说实话"的切入点：

"吴小姐，我看论坛里留言，iPhone8好像有些问题，你要不要多分析比较看看。来，我提供你论坛网址！"

"吴小姐，我刚好这阵子也有在研究该买哪款手机，有搜集些信息，iPhone8金色款有许多网友批评看起来比较俗，你参考看看。"

由于吴秘书尚未采取购买行动，钱还没花出去，这时所有的建言，都是一种关心，其结果是"对她有帮助"的。

反言之，若已是既成事实，即使你提供建言也已于事无补，这时你还坚持说"真话"，那别人就只能给你两个字评语：白目！因为你的话一出口，只能造成双输局面，对方不高兴，你也从此被列入不受欢迎对象的名单。

这种白目的人多吗？老实说，还不少。并且最常出现的情况，就是"自以为和对方很熟了"，以为开开玩笑，彼此是好朋友，不会生气。事实上，对方表面上是不好发作，但久而久之，再熟的朋友也会变成"有空再联络"的朋友。

有句话说："哪壶不开提哪壶。"就是指这种白目的情况。

最常见的，几个老同事聚餐。

"嗨！老张，两个月不见，你肚子越来越大了，自己都看不到皮带了吧！"

"唉！小林啊，我看你的发量稀疏了喔！要不要我介绍给你生发秘方？"

或许当天大家还是谈笑风生，但被批评的人肯定已经憋出内伤了，人人都会老，身体变形、掉发是衰老的自然结果，你不去聊对方的事业成就，不去聊对方的快乐家庭，偏偏要去谈这些难以改变、让人听了不舒服的身体缺点！也无怪乎，有的人一开口就让人讨厌。

需要看时机的场合非常多，也许在不注意时，你也犯了这样的错。

例如，考完试后家长骂孩子："怎么成绩那么差？"都考完了，骂这干吗？！只会让孩子更难过，还不如跟孩子说："看来你数学需要加强，没关系，爸爸有空帮你多复习数学。"

例如，朋友失恋了，你的安慰方式是："早告诉你那男人不可靠，你就不信，现在吃亏了吧？"请问，讲这句话除了证明"你很厉害""有先见之明"外，安慰得了朋友吗？只能帮倒忙吧。

当有人很烦，在跟你诉苦的时候，也先别急着讲述大道理，

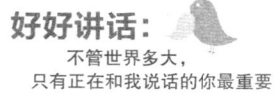
此时，要先表达同理心、与对方同仇敌忾，再说其他的建言。

例如有人收到一张高速公路的超速罚单，她很生气地大喊："真倒霉，三千元（指新台币，后文同）就这样飞了！"

同事 A："政府根本就是在抢钱嘛！要是我，整天都会很不爽！"

同事 B："谁教你要开那么快？开慢点不就没事了！"

同事 C："政府缺钱缺成这样，真是的！你的车性能又那么好，随便一踩都一百多迈……不知道我们赚钱很辛苦吗？所以以后还是要开慢一点，一方面安全，一方面看紧我们的钱包。"

以上三个同事的回答，同事 A 只有同仇敌忾，同事 B 根本就是白目，而同事 C 则是先表现同理心，接着再给出建议。同样是不希望朋友开快车，但对方正在气头上，直接给建议，当场她实在听不进去，徒然显得你白目，这就是建言要看时机的学问。

虽然《论语》有提到交友要"友直，友谅，友多闻"，而"友直"就是指朋友间说话要"直"，实话实说。但孔子也说过："非礼勿言。""言人之恶，非所以美己；言人之枉，非所以正己。故君子攻其恶，无攻人之恶。"说话，是要看场合、时机的。

再强调一次：

已成定局的事，多说无益，说了只会让人讨厌你。

但如果不是你主动提批评建言，而是对方主动请教你意见呢？此时，若说实话会惹对方不高兴，但你又不想说谎，怎么办？

还是同样的道理，同一件事有多种面向。若是"会给对方造成伤害，不得不说的"，那就赶快说，例如："这产品有化学成分，吃了有害。""这电器报纸报道有漏电嫌疑，使用要小心。"这非得赶快说。

但如果不是这种情况，那么讲话应以"称赞"为主，是夹带善意的小小建言。"这支手机很漂亮耶！但我听说有人反映维修问题，没关系，我知道你很会照顾手机，应该不需要维修，但若真的哪天需要维修，我这边可以提供信息。"

或者，对方问你敏感的问题，例如一个开始中年发福的女性朋友问你："你觉得我身材怎么样？"你可以回答："你看起来很健康，气色很好。如果有机会再多做些有氧运动，那就更完美，简直是万人迷了。"

这些回答，都既不伤害对方，又间接提醒对方可以改善，利人又利己。

我喜欢《圣经》里的一句话：

"凡事我都可说，但不都造就人；凡事我都可以做，但不一定有益处。"

适当时机的"友直"，一样可以让你受到欢迎。

第8招

不做
"无效的赞美"

　　常和朋友讲一个真实案例：我的某个好友，这里就称他为甲先生吧，他新买了一辆六人座房车，开到公司后，同部门的三个同事，有三种反应。

　　这三个同事，就称他们为 A、B、C 三位。看到甲买新车，A、B、C 都来恭喜，并且也都很捧场地说想搭搭看。于是甲先生分别在不同时间，搭载了这三位同事。

　　A 先生一上车就说："你买这台车干吗？这台比较高，转弯容易翻车耶！"

　　B 先生一上车，则一味地称赞："好车！好车！"但也说不出好在哪里。

　　C 先生一上车则说："哇！这台车视野比较高，这样看出去有休旅车的 Feel（感觉）耶！哪边塞车都可以看得很清楚，你都可以先闪过去。"

　　从三人的反应，就可以看出谁是受欢迎的人，现实生活也证明这点。A 先生讲话老是不得体，虽然能力还可以，但就是

高不成低不就，职位总是升不上去；B 先生是好好先生，虽然
常讲好话，但就是让人感觉"言不由衷"，大家表面上和他笑
笑的，但实际上都不是真正的朋友；C 先生则不折不扣是办公
室里最受欢迎的人，事实上他就是甲先生团队的主管。

由此可知，赞美也是有学问的。只要是反应不太迟钝的
人，都分得出"言之有物的真赞美"和"虚应故事的假赞美"
的不同。

同样是赞美，为何 B 先生和 C 先生的评价差很多呢？关
键点在于"参与感"。

是的，真正受欢迎的人，受人喜爱绝非仅因为"言语动
听"，更重要的是"他愿意参与你的事"。

所谓愿意参与你的事，并不是指干涉你的意见，而是他
做到了三点：第一，他用心去感觉你"重视"的事（你正在炫
耀你的车，所以他就去赞美这辆车）；第二，他本身也参与这
件事（对于这辆车，他以"他自己的"视角，提出"他的"赞
美）；第三，他最终一定把荣耀归给你（最终，还是从他的观
点推导出车主的"眼光好"）。

赞美人人都会，但为何大部分的赞美都成为"无效的赞
美"呢？就是没有做到上面的三个步骤。

最常听见的"无效的赞美"，就是下面两种类型：

第一种，不专业的赞美。例如：一个不懂车的人，讲任何

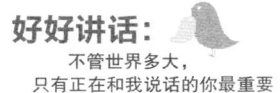
赞美你车子的话，都没什么效果。

第二种，不专心的赞美。一个只是虚应故事称赞你车的人，你一定还是听得出来的。

试想一下，自己每天是不是听到许多这类的赞美？从早晨进公司到下班离开，一天内总会听到许多无效的赞美。

"Amy，你今天穿得很漂亮喔！"（对方边讲话，边心不在焉地看她的公文）

"Amy，你工作做得很好！"（但对方根本不知道你负责什么项目）

"Amy，你头发很美喔！"（其实你昨晚太累没洗头，整个头油油的）

无效的赞美，不会为你加分，顶多只是做到不扣分而已。

但在某些情况，别人虽然明知你的赞美"不专业"，但还是会很喜欢你。例如，甲先生有个朋友乙跟他说："虽然我一点也不懂车子，但这辆车让我看了就好喜欢。"先直言自己不懂车，再用非专家的语气表达"就连我这样的非专家也喜欢你的车"，此时，赞美的效果就变成加分了。

另外有种情况，是对方让你进入一种情境，逼你不得不回应他，这时就考验个人功力了。

例如，好友张小姐带她未婚夫来和朋友认识，对方是个秃头，双方聊着聊着不知为何，她未婚夫自我调侃地说，自己很丑，是个秃头。

此时，你的回应当然不是顺着他的话说："对啊！好可惜，你是秃头。"但也绝不是顾左右而言他，故意跳过秃头话题，那反倒让场面尴尬（因为那表示，你"默认"他丑的事实）。

最佳的反应应该是，立刻针对秃头这个话题，从"正向"导入："哪会丑啊？你是型男耶！一些世界巨星也是采用这造型，而且十个秃子九个富，你一看就是事业有成的帅气企业家。"

我看过最白目的对白之一，是当张小姐未婚夫自谦他秃头很丑时，某人自以为"善意"地，侃侃而谈他所知道的治秃秘方，一讲讲了二十分钟，也不会看人家脸色，虽然人家表面笑笑，其实内心已经"三条线"了。这人不但把焦点放在秃头这件丑事上，还硬拖着当事人聊那么久，无怪乎让人厌恶。

当我们和人谈话，自以为"懂很多"时，相对的，就是把别人当白痴。你自以为很懂治秃头秘方，难道身为秃头的对方自己没做过研究吗？还用得着你在公开场合高谈阔论。人家只是礼貌性自谦，你却跩得当起教授了。

凡是侮辱别人智慧的事，绝对是最令人讨厌的。

当在聊天场合，把对方当成不懂事的人，想教育对方，或是讲些虚情假意、不明就里的赞美，却以为对方会很高兴，这都有辱对方智商，绝对是社交场合的忌讳。

请谨记中国古语："好言一句三冬暖，恶语伤人六月寒。"学习说好话，并且是有意义的好话！

第 **2** 章

爱情恒久远，魅力永流传

问世间，情为何物，直教生死相许？

天南地北双飞客，老翅几回寒暑。

欢乐趣，离别苦，就中更有痴儿女。

君应有语：渺万里层云，千山暮雪，只影向谁去？

——摘自金·元好问《摸鱼儿·雁丘词》

什么是爱情？这似乎是没有标准答案的问题。

很多时候，我们觉得电视电影演得太夸张，但更多时候，我们看到身边发生的事，只觉得不可思议。

"小丽，你怎么那么笨？对方是有妇之夫，他只是跟你玩玩，你别当真。"

"阿美，醒醒吧！他不是真心爱你，他花名在外，见一个爱一个，你不要上当了！"

类似这样的事每天都在上演，明明一夫一妻的婚姻制度，可以让你有个幸福美满家庭，生儿育女，夫唱妇随，人生不亦快哉。却为何有那么多人，要去找那些坏蛋男人，那些已经结婚还在外包二奶、不负责任的浪荡子，以及那些都已把你排到小三、小四、小五……的负心汉？

很多傻男生也没好到哪儿去，天下有那么多好女人不去爱，却去爱那些不该爱的人，那些水性杨花的风尘女子，逐名牌而居的"猎金族"，心已经飞去偷情汉那边的无情枕边人，以及那些只想要露水姻缘、希望和你"船过水无痕，永远别再见面"，但你却已经"一缕情丝，深深依随着她"的人。

爱情果然没什么道理。但可以肯定的是：

不是标准的好男人，就有魅力；

不是钱多多的男人，就能得到爱情；

不是俊帅的型男，就能永得女人欢心。

备注：相似的定义，套在女性身上也一样。

"唐伯虎点秋香"，靠着风趣与才华，就算没钱、身份低下，也吸引到大美女怦然心动；许多"老少配"，那些名导演、作家，都已年过六十，却有二十多岁青春美女愿意终身相许。

做个真正受欢迎的人，你也可以如此。

当你走到哪都受欢迎，很有异性缘，那么不论在职场上，还是在生活互动上，都会有美好的异性相伴，人生不是更加美好吗？

不问世间情为何物，但问自己，如何更有魅力。

第 9 招

人际润滑良药：
四句话让你通行无阻

这是一个真实故事，有一位休然博士受邀到收容重犯的精神病院做治疗。

这是个被医师们视为畏途的所在，里面关着的都是曾经犯过罪，被判定精神有问题，本身不仅是病患也是重罪犯，穷凶极恶或异常变态的怪人。就算病人们戴着手铐脚镣，仍不时发生工作人员被攻击受伤的事件。当这位外表斯文的休然博士准备去那服务时，业界同行都祝他可以安然无恙。

结果，休然博士去那里不到半年，不但他本人没受过任何伤害，还改变了整个病院状况。原本人满为患的病院，在他进驻后，随着病人状况逐一改善，病人一个个被释放，整个医院气氛也大为改观，不再是个恐怖病院。

之后专家们请教休然博士，他到底使用了什么治疗秘方，才能达到这么杰出的成就？

休然博士说："我所使用的医疗方法，就跟你们会用的一样。只不过，除了一般医疗作为外，我总是伴随着四句话，相

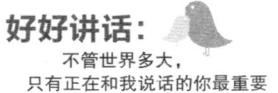

信这四句话也帮了我许多。"

是哪四句话，这么有影响力呢？

说起来也没什么了不起，这四句话就是：

对不起。

请原谅我。

谢谢你。

我爱你。

实地验证，这四句话真的威力无比强大。试想，一般家庭吵架的根源是什么？其实根据研究显示，百分之八十以上的夫妻离婚，都只源于生活中原本看似微不足道的小事，例如牙膏的使用方式、衣服的收藏方式、家具的摆放看法、晚餐的咸或淡，等等。

如同大家耳熟能详的水库故事，当水库有了破洞裂缝，最开始只需用一根指头就可塞住破洞，等救援人员到场就可挽救危机；但若一开始放任不管，等破洞裂缝越来越大，那时搬来再多沙土阻挡都没用，整个水库溃堤，祸害几千里。

婚姻失和一开始，也是充满这类小破洞。然而，就因为彼此太熟了，对这些小破洞不以为意，终致整个婚姻溃堤，造成超高的离婚率。截至二〇一四年，台湾地区离婚率已是世界第三高，平均每十分钟就有一对夫妻离婚。

而这只是指婚姻的状况。日常生活中，男人与女人间，因为相处不愉快，带来了各种负面事件，包括分手后因不甘心发生杀人或伤害事件；或者双方吵架，一方点燃瓦斯，演变成公共安全危机事件。类似的事件，在新闻报道中时有所闻。

到底恋人之间怎么了？其实，只要在双方一开始有冲突时，就善用这四句话，后面所有悲剧都不会发生。

真的，我们可以试试看。

当两人开始吵架后，一方静下来，真心地说："亲爱的，对不起，我错了，谢谢你，我爱你。"

相信原本剑拔弩张的对方，本来想发作的怒气，也会发作不出来，逐渐消散。

这四句话如此有效，可以适用于各种人与人间相处的场合。

不夸张地说，在职场上也可适用。当老板正准备大发雷霆时，你要是真心地站在老板面前，说声："对不起，我错了，谢谢你，我爱你。"老板起初或许会愣在那，但就在这一刹那，他原本一千摄氏度的火焰，已经消减到只剩两三百摄氏度了。

但请记得，说这四句话时，要面带真诚，而不是像念稿一样地背诵这四句话，那反而像是在搞笑，把场面弄得更不庄重。

当人与人间发生冲突时，一方愿意退后一步，并且诚心地说出这四句话，表面上看，好像输了：一来你退让了，就等于

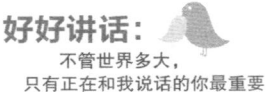

输了；二来你还低声下气，那岂不是被看扁了！

但实际的效果，却刚好相反。当你诚心认输，对方无论再怎么嚣张，也突然变成单方面的暴力兽，再凶下去就没形象了；再者，人之常情是，以德报德、以怨报怨，本来是硬碰硬的场合，突然来个硬对软，对方攻势绝对大挫，要吵也吵不起来。

透过这四句话，你总能与人和平相处。

一个人际关系不好的人，绝对是常常和人处不好的人；相对的，一个总是带来"和平"的使者，必定是受欢迎的。

对于东方人来说，四句话中最难开口的，肯定是第四句"我爱你"。在西方文化中，说"我爱你"是很平常的事，在东方则或许得看情况。但相信我，只要运用得当，不论是对于陌生人，对于亲人，还是对于亲密朋友，当"我爱你"这三个字说出口时，对方的心都融化了。

如果你担心这样说太肉麻，那么就先从最具影响力的三句话开始，请常说：

对不起。

请原谅我。

谢谢你。

在适当的场合，再补上"我爱你"，一时间必能春风化雨，化暴戾为祥和，你就是最受欢迎的人间天使。

第 10 招

今天说话
几分甜？

　　我的长辈们，有时候逛菜市场，和卖凉品粉圆等的老朋友聊天，会开玩笑说："这碗爱玉怎么那么甜？真是甜死人不偿命耶！"

　　你会发现，任何的口味，调过头都会让人不高兴，例如太咸、太酸、太苦了……唯有说太甜了，明明是负面的用语，但听起来就比较不会有不舒服的感觉。

　　讲话也是一样，你可以尝试各种突破，但不论你讲得太直白、太义正词严、太讽刺……都有得罪人的风险，只有甜言蜜语，没有"太多"，风险最低。特别是情人间的对话，明明旁人听来很肉麻，但当事人听到"很甜"的话，还是心里受用。就算不是那么熟的人，只要讲甜言蜜语时不要伴随猥琐表情，通常对谈话总是加分的。当一个风度得宜的男子，对着一个女子讲话，不时适度地加糖，对方听了肯定会很欢喜，想追女孩子的，又得一分；就算只是普通朋友交际，也会让你的"受欢迎度"持续处在高档。

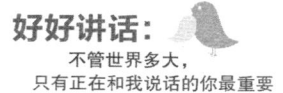

虽然在传统认知里，女孩子总是爱听甜言蜜语，但可别以为，只有女孩子才会被甜言蜜语打动，其实大部分男生也嗜甜。

当然，和男生讲话，不是以"你好漂亮""你皮肤真好"这类称赞为主（但即便是如此，大部分男生也喜欢被人说漂亮、皮肤好，特别是年轻人），和男生讲话的"加糖法"，主要用在他的品位、他的成就，以及女孩子最爱用的一招——"用甜蜜攻势反推到他的作为上"。

称赞品位自不用说，像是："你的领带跟你衣服好搭，看起来很顺眼耶！""你都听这种音乐喔！怪不得那么有气质。""你好有眼光喔！真的是男人中的男人。"这些话只要一说出来，不管你是不是真懂（其实你对音乐根本没研究），都一定可以为说话者的魅力加分，特别是女性用这招更加管用。当一个女子称赞男生的品位，百分百会获得对方好感；但男生对男生就要看情况了，如果讲得太过火，反而会让对方浑身起鸡皮疙瘩，感到"不舒服"。

但异性间，特别是女生对男生，只要每天讲话，身上多带一些"糖"，每次见面都"甜"对方一下，那么，会成为大众情人也就不意外了。

有句话说："男追女隔座山，女追男隔层纱。"既然女性拥有这种天生优势，若不善用就太可惜了。

很多时候，因为有距离感，人与人间的对话越有礼貌，反倒"糖分"越多。当我们在路上遇到朋友的小孩，肯定会说："好漂亮的小女孩啊！今年几岁？好可爱喔！"反倒是回到了家，却只会跟自己孩子说："功课写了没？没写完看什么电视啊！你欠打是不是？"同样的道理，越是陌生人之间，讲话可能越加客套，而对自己亲近的人，反倒是忘记加"糖"。

女性和男性讲话，除了称赞品位外，另一个可以称赞的切入点是他的成就。男性与男性间称赞成就要小心翼翼，因为很容易被视为别有目的，例如正在觊觎他的成就。但若由女性来称赞，搭配适当的撒娇，就完全没有这样的疑虑。因为在传统的观念里，还是认为女性比较没有事业心，换句话说，就是女性很少被视为竞争者。此时女性兴奋地称赞男性的成就（加上一些女性化的动作，如拍拍手等），只要简单的几句话，"你做简报时风度翩翩、令人心动，散发男人魅力！""你的事业好多元，好佩服你喔！"就足以收服男人心。

许多强人的内心都是寂寞的，因此再怎么谨言慎行的人，也难防这种"美人计"。包括曾经震惊国际高层的几件间谍案，例如在美国、欧洲，都有女间谍打入那些高智商、高能力的高级官员圈、高级将领圈，取得宝贵的情报信息。世人都惊叹于为何当事人竟然那么不小心，轻易地中了美人计！但实际上，世上又有多少人挡得了"甜蜜攻势"呢？

当然,若你身为一个女性,也不要担心自己口才不好,或是太害羞,无法妙语连珠地说出那些赞美男生的话。这里还有最后一个甜蜜招式,特别适合女性运用,就是"甜蜜反推法"。

很简单,你不用主动说什么,但不论异性跟你说什么,你都反推成甜甜的回应给他。

"小云,辛苦你了,这件工作麻烦你。"——"老板,你是我最佩服的人,为你做事我心甘情愿。"

"小美,你今天穿得很美。"——"能让你这么有品位的男人称赞,我好高兴。"

听了实在肉麻,但……男性就是抗拒不了地喜欢上说这话的女性。

第 11 招

出人意表，
让人"揪感心"！

　　中国是礼仪之邦，所谓"礼多人不怪"，任何时刻，连孩童也知道一些基本的礼节。但在社会祥和的背后，也不免会有某些负面效应。

　　第一个负面效应是"平淡效应"。就好比天天都吃山珍海味的人，再也分不出美食的差别。当礼貌已经成为基本配备，如何升级为另一种层次，达到赞美效果，就需要更高难度的功力。

　　第二个负面效应是"亲疏效应"。孔子虽主张"仁民爱物"，但他也主张"亲疏有别"。可惜放在我们现代社会里，却经常变成一种负面现象，也就是对外人比对熟人还礼貌亲切。这种"胳臂往外弯"的现象，严重时，甚至会带来家庭失和。因为当我们一整天都在对外面的人鞠躬哈腰，很容易一回到家就跷起二郎腿，对家人摆脸色。久而久之，带来种种摩擦，许多离婚因子就是这样种下的。

　　不论是平淡效应，或是亲疏效应，都不是教我们放弃原

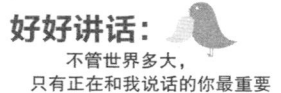

本正确的习惯，但也不是要我们"好还要更好"，每天回家就对老婆问安、正经八百地赞美，这样反倒很奇怪，让熟人变得生疏。

该如何才能做到在朋友间受欢迎，在陌生人间也有一定魅力呢？特别是对于业务行业的人，如何拿捏亲疏间的谈话术，是很重要的。

我个人认为，有一个应对方式，对于朋友亲人特别适用，就是"出其不意法"。

出其不意包括行为上的，例如突然间来个生日惊喜、结婚周年庆惊喜，这让对方很受用。但总不能天天过年，天天过生日吧！这种事要偶一为之，才能产生惊喜的效果。那么在平常对话时可以怎样"出其不意"呢？

这招我很常用，就是透过适度的悬疑效果，加上故意带来的反差。

例如：

"老婆，你穿这样子好漂亮！这件衣服真美！只不过……"

老婆此时一定心整个被揪一下，准备听负面的话，但接着我却说："只不过，你这么美，让我觉得好像做梦一样，怎么这么幸运娶到你？"

接着她当然只会边笑边打我一下，喜滋滋地走开。

再例如，女朋友突然送给你一条她亲手织的围巾。

你边看着她，边表情凝重地拿起手机，你女朋友此时会感到有点不知所措。

这时你打电话到家里，说："妈，今晚我不回家吃饭了，我刚拿到一个无价之宝，高兴到说不出话来，今晚一定要跟我最爱的人一起吃饭。"

当一个人的心从谷底突然飞到天上，你就可以轻轻抓住，坐拥她的芳心。

虽然肉麻，但真的实用。

其实电视剧编剧也喜欢用这种人心对比法：

一个原本被认为是恶老板的人，满脸严肃地跑到部属面前，当大家以为接着要发生吵架悲剧，连剧中男主角也因紧张而紧握双拳时，却见恶老板恭敬地站好，鞠躬道歉："对不起，是我错怪你了，你是对的。"此时观众立刻热泪盈眶了。

或者姐妹淘吵架、婆媳纠纷、办公室里两方人马对抗，突然间，其中一方讲出让观众意料不到的台词，那种内心的落差肯定让观众的内心瞬时溃堤。

许多八点档连续剧、温馨日剧，细看整个剧情其实并没有多特别，但却会让人爱看，往往就是因为最后的转折，特别是在近片尾的地方，让人"揪感心"，然后愿意再看续集。

一个讲话时时让人"揪感心"的人，就会是讲话受欢迎的人。

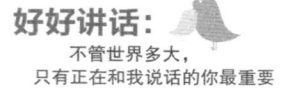

但请注意，"出人意表"的表现方式，只适用在有一定熟识度的朋友身上。如果你对谁都来这招，那不仅不能带来受欢迎的效果，甚至会让人觉得你这个人"怪怪的"，对你敬而远之。

最常见的例子是，一个漂亮的女孩，收到一束很大的九十九朵玫瑰，但她却一点也不开心。因为送她花的人，她根本不熟，只有数面之缘。这束花只会带给她困扰，一点也不惊喜。

或者在某些直销公司场合，为了讨好你，知道你生日到了，硬是帮你安排一场庆生会，一大群人围着你为你庆生，你不但不感到高兴，反而觉得尴尬。

或许有朋友会问，但很多让我们感动的场合，不就是因为"陌生人间彼此帮助"吗？

电视上常报道，台湾地区很有人情味：有人车祸倒在地上，一群路人好心地帮忙，有人帮忙维护交通，有人帮忙撑伞，你看了好感动。那些来自陌生人之间的"揪感心"故事，因为不多见，所以可以成为新闻里感动人心的题材。

但在现实生活中，你和亲人朋友之间的美好关系，还是要靠自己善用出其不意的方法，带给对方惊喜，才能经营出更多的个人魅力。

第 12 招

爱我，
但请先走到这里就好

异性相吸是大自然创造的生命法则，其最终目的是为了让生命繁衍。只是人类的文明让我们超越了"单纯的天性"，让我们超脱了野兽的世界，不像兽类般只为传宗接代而配对。我们创造了婚姻制度，创造了"爱"与"责任"，创造了浪漫的"恋爱"。但自古以来，和爱相关的麻烦状况，也从未停歇。

一个男人，可以成为一个超级受欢迎的男人，吸引一堆女子的爱慕，但在法律上，他若要结婚只能娶一个妻子，若娶妻后还和其他女人发生关系，就触犯与婚姻相关的法律；一个风情万种的女子，她可以和许多男人谈恋爱，只要不结婚，就没有法律约束。然而，没法律管，仍有道德枷锁，就算连道德都可超脱，还是会碰上人性的困境——许多现代社会悲剧就是这样发生的。

翻开报纸，几乎每天都有情杀纠纷之类的新闻：

一个工程师，花了大把金钱，送礼送金讨好一个美女，两人也许下爱的承诺，但最后女方却嫁给别人，工程师因此怒告这美女欺诈；一对男女曾经是爱侣，但女方觉得她不爱这男的，提出分手，男方觉得自己感情被欺骗，苦苦纠缠女方，最后竟演变成杀人案，甚至连无辜的亲友都惨遭杀害。

这类事情太多了，让我们不禁要问，如何分清楚"好感"和"爱"的差别？

我们可以对很多人有好感。例如一个男生，他可以喜欢明星林志玲、杨丞琳、林赛·罗韩……他女友也不会反对；但他若也喜欢同事A小姐、同学B小姐、邻居C小姐，那女友就不可能接受了。

一个人如何让自己受欢迎，又不影响自己的爱情呢？特别是对于一些必须常在公开场合出现的名人，如明星、讲师等，他们一方面可能拥有一批"疯狂"爱他的粉丝，一方面也不会让自己家人关系受到干扰，关键就在于守住"分寸"。

什么叫分寸，讲清楚点，就是"扮演好自己的角色"。

许多问题的发生，就在于扮演一个角色的人没扮演好自己的角色，或是和角色互动的人，逾越了和角色间的界限。

讲个常在男性世界发生的例子，许多在商场上有成就的大老板，却往往败在灯红酒绿的场合。有人爱上烟花女，最后家庭破碎了，他和烟花女也没好结果；甚或招惹到"黑道大哥"，身败名裂。

这商场老板，没有搞清酒家女郎的角色就是在酒店服务客人，错把这种关系当成爱。

另一种也不少见的情况，有当红歌手不断受到超级粉丝的"过度关心"，最后也不得不报警。那些粉丝，把歌星与粉丝的角色关系，过度发展到两性相爱的关系，把"崇慕偶像"变成"痴恋对方"。

这种逾越角色分寸的事，不只发生在大人物或特殊行业的人身上，事实上，人人都可能发生：涉世未深的高中女孩，把博学多闻的男老师，当成爱慕的对象，而男老师也无法拒绝少女青春的肉体，发展成师生不伦恋；企业老板把女员工对自己的恭顺体贴，联想成她们对自己的爱情，运用权威染指女同事，而许多被染指的对象，也为了保住工作，不敢张扬，演变成一种职场黑幕。

许多人会说，爱不分国界、不分年龄、不分种族、不分职业、更不分阶级，谁爱谁都没对错啊！

是的，如果是真爱自然没什么对错之分，丘比特爱怎么射箭，人们无力干涉。但遗憾的是，这类真爱还是存在于电影、小说里比较多；现实生活里，逾越分寸的爱，总是带来遗憾的多。

如何在错误将要发生的初始，就避免朝悲剧方向演进呢？

那就是当在"暧昧期"时，就予以"再次角色定位"。

很少有痴爱是一开始就熊熊烈火的，一定是由小小的暖

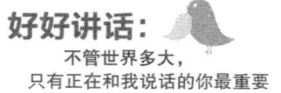

昧作发端。一个受欢迎的人，往往太沉醉于暧昧带来的"幸福感"，而过度纵容自己。常见到校园中的班花、校花，她们可能年纪轻，还不懂得理智地拒绝，任由自己被异性包围，享受被崇拜的快乐。

但我要严肃地提醒这些被爱慕的对象，不论是男是女，总有一个大原则，就是守住分寸。你喜欢我、公开赞美我，我可以说，谢谢，我真的很高兴，这样做没有错。但对方若喜欢你，并且开始送你礼物，请注意，这是个重要的分界，请一定要拒收！当然如果只是一般的家乡名产，或者是小小蛋糕，一味拒绝是不近人情，但对方若一而再再而三地送礼，那就要谨慎了。

对于"友达以上，恋人未满"的局中人来说，这件事的分寸更要把握好。拒绝不代表就是不爱对方，只是代表"我们的关系还不到这地步"。相信一个理智的异性伴侣，也可以理解你的意思，彼此也都还能做朋友。但如果单单这样，对方就不高兴，那这样的人也绝对不会是好的交往对象。

我最常见到的一种悲剧，特别是常发生在女性身上，就是因为"收礼"而惹祸，往往最后演变成男方对女方纠缠不清，让女方生活工作都受影响。当女方哭哭啼啼找我提供建议，我会问她，当初为何要接受男方的礼物，"是因为你爱慕虚荣，贪图小便宜吗？"女方往往会义正词严地反驳，觉得她们只是

"礼貌性接受对方好意，不想因拒绝而伤对方的心"。

　　好啦！一开始是不想伤对方的心，到后来却伤了双方的心，甚至还可能有性命的危险，这就是人际关系间"未能防患于未然"所带来的祸害。

　　想象大自然的韵律吧！下雨吹风，花开花落，美景处处，但刚好就好，不要越界。河水越界，就从美景变灾难；人与人间的感情，到了"彼此欣赏，彼此认可对方"，这样就最好，请不要越界。越界，就是灾难。

第13招

如何让我
寻到真爱？

　　为何我都找不到真爱？一些自认条件好的男士不断这样哀叹；许多女性眼看着自己年纪渐长，却还是找不到"对的人"，也不禁感伤。

　　爱情，是个表面浪漫但实则严肃的话题。有时候，你是一个在社交场合很受欢迎的人，但在爱情世界里却是个孤单的人。不禁要问，难道让一个人备受欢迎的条件，和让一个人找到真爱的条件是不一样的吗？

　　的确，如何让自己受欢迎是个学问；如何让自己受"不同的人"欢迎，是个大学问；但如何让自己在"不同的人"中得到"不同"的欢迎，那可就是学问中的学问。

　　我们都曾经听过，"一个人不可能讨好所有的人"，如果在一个村子里，某个人既受好人欢迎，也被坏人喜欢，不代表这个人就值得敬佩。相反的，可能代表着这个人是"墙头草"，做人没有自己的立场原则，到处讨好他人。

　　在爱情的领域里，如何受"不同的人"欢迎，更是非常重要。

　　一个"开心果式"的受欢迎者，可以在群众里吃得开，但这样"把欢笑带给别人，悲伤留给自己"，听起来比较像是小丑的形容词。是的，如果一个人的受欢迎只是在公开场合让大家欢笑，那就只是小丑等级。这样的人受大众欢迎，但若一对一时，却不一定受欢迎。

　　一个"马盖先式"①的受欢迎者，在大众里也绝对受到欢迎。特别是在职场上非常吃得开，因为他"什么都会"，复印机坏了找他，计算机不能上网了找他，连厕所灯不亮了都找他。这样的人处处受欢迎，但若一对一时，例如他邀一个女孩去约会，还是可能把对方吓跑。

　　一个"忧郁文青式"的受欢迎者，在大众里也经常受到欢迎。不论在任何族群，一个看似"众人皆醉我独醒"的人，只要外表还不太差，一定也会受到众人青睐，因为人们喜欢新奇、特立独行的人物。这样的人是很棒的团体壁花、壁草，但若想要去更进一步地赢得异性芳心，却真的会碰壁。

　　为何你和某人永远只处在"友达以上，恋人未满"的阶段？原因在于，对方可能喜欢你，但不是"爱"你。

　　任何人都可以喜欢你，相信把本书讲述的原则都应用上，

---

①马盖先是生产战场装备及衍生出户外装备的台湾地区厂商。 本文"马盖先式"意指什么都会的人。

你很容易让很多人喜欢。我见过太多的朋友，有的朋友是在商场上令人钦佩的企业家，广受业界朋友欢迎，但他两次婚姻都以失败收场；有的朋友在任何场合都是开心果，交际应酬时身边充满女伴笑声，但每当他想和某个女孩更进一步，得到的答案都是"谢谢，再联络"。

这到底是怎么了？难道一个受人喜欢的人，无法成为一个找到真爱的人吗？

要回答这个问题，请先问问自己。就以电影来比喻好了，假定我们假日要去看电影，我们会选怎样的电影？一定会选我们"喜欢"的电影。我们已经预设好各种喜欢的条件，好比说冒险片、女主角要美艳点的、故事带点悬疑性等，这样也许我们有很多部电影可以挑选。但假定今天只准许你"看一部电影"，这时你要的就不只是挑喜欢的了，因为只能选一个，你会用心搜查影评，了解什么样的电影看了最有"价值"。

连看电影这样的小事，当有严格限制时，我们都会小心翼翼，更何况挑选终身伴侣。那肯定不是"喜欢"两个字就足够的。

在爱情的路上，做到自己受大众欢迎，只能算是基本功，表示你有更多机会接触"更多的对象"。但如何从这众多对象中，找到你的最爱，又让对方也爱你呢？

许多朋友问我，到底如何既让自己受欢迎，又可以找到好对象呢？

我的回答是：

找不到对的人，往往是改不掉"错误的自己"；

你要的幸福就在"你不要的改变里"。

我们可以一方面做自己，一方面让自己成为受欢迎的人。这不难，例如许多成功的讲师，他们以自信的光彩，宣扬一个善的理念，成为备受欢迎的好讲师，这很好。但这是公领域上的大众形象，是一种"一对多"的整体正面印象。但所谓爱情，并不是"一对多"的学问，而是要从这一对多中，进一步和特定的人"一对一"，那就绝对牵涉到私领域的事。

但越是在公众场合受到欢迎的人，反而越容易跌入角色的迷思，也就是紧紧握着"你不要的改变"。

什么叫"不要的改变"？

好比说，一个在商场很成功的男人、一个业务销售高手，他讲话总是风趣夸大，为了营销产品舌灿莲花。这样的人已经成功了，他不会想要改变他的风格，但偏偏在爱情的路上，他必须改变风格。不是说要他改变自己，但当面对的是伴侣时，他就有必要转换成其他形式。

因为，婚姻和爱情不是看舞台表演秀，一方表演给另一方看；

相反的，婚姻和爱情是两人合演一出幸福戏，双方各负责一半。

许多失败的爱情都源于一方太想演，另一方没有发挥空间，那为何要和你在一起？特别是太爱演的一方太入戏了（例如大众情人），那更难找到心心相印的另一半。一个受欢迎的人，在团体里像个好演员，人人爱看他的表演，但对不起，两人相爱不是看表演。你必须和我有默契，"两人一起演"，这就是从"大众关系"到"两人关系"的最大差别。

唯有当人们可以让自己从"受众人欢迎"中，另外升华出"受他（她）欢迎"的体会，爱情的火花才会产生。

你
拉警报了吗？

日常生活中最常听到的笑话，就是男女性别相关的笑话了。自古以来，"窈窕淑女，君子好逑"，翩翩男子也终日企盼被那个"她"所注目。然而也因为这件事充满纠结困顿，许多人深受其苦。所以当听到关于爱情的笑话，许多人也只能边笑、边转心中千百回了。

不可否认，这社会对男女的标准还是差很多的，关于爱情，对女性来说，感受经常更加苦涩。

有一个笑话是：

三个女人分别是十八岁、二十八岁、三十八岁，她们在讨论一个很想结婚的男人。十八岁的女人会问："这个男的长怎样？"二十八岁的女人会问："这个男的成就怎样？一个月赚多少钱？"三十八岁的女人则直接问："这个男的在哪里？"

听起来有点悲哀，好像一个女性超过某个年纪就不受欢迎了。实际上虽不是这样，这社会多得是单身的成功女性，但也不可否认，这笑话反映出某些现况。

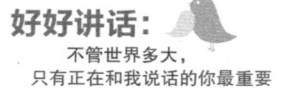

但同样情况，发生在男性身上会怎样呢？

三个男人分别是十八岁、二十八岁、三十八岁，他们在讨论一个很想结婚的女人。十八岁的男人会问："这女生漂亮吗？"二十八岁的男人会问："这女生漂亮吗？"三十八岁的男人也还是问："这女生漂亮吗？"

所以听起来，男性对两性关系似乎比较肤浅，个个是外貌协会成员；女性则似乎一开始比较重视实际，后来随着年纪渐长而开始拉警报。

当然以上是个笑话，这世上多得是重视内涵的人，但在人与人接触的初始，第一印象还是很重要。一个女性若要受欢迎，那么不论自己内在多好，多么亲切体贴又善于言语，最重要的，还是要先把自己打扮得端庄得体。

相对来说，一个男性如何经营自己的成就很重要，然而，当大家彼此都不认识时，怎么会知道你有没有成就呢？所以说到底，男性也是要做好形象包装，让自己穿着得体，散发成功人士的魅力。

常见一个条件不错的女子，却因为所谓的"年龄警报"，而不断放下身段，最后得到反效果，变成"剩女"；或者虽得到婚姻，但是却过得不快乐。那是因为她们被传统思维束缚住了。在现实生活中，所谓警报，不论是台风警报、空袭警报，都代表着有灾难要发生。但女生年龄拉警报，完全是个

"假议题"。或许在古代，这样的议题有必要性，因为在当时女性也没就业市场，所以女性不婚的确会变成灾难，她可能难以在社会生存。但到了现在，所谓拉警报已经成了"纯粹的心理问题"。

曾经有个要好的女性朋友抛开白天作为女企业家的神采奕奕，带着一脸愁容问我："老师，怎么办？我已到拉警报的年纪了，该怎么办？"

这时候，我常会带点严肃地说："不怎么办，你还是要做自己。"

读者们记得我曾说过，人与人间交流，让自己受欢迎的一个底线，就是"不要失去自己"。因为当你失去自己，你都不足以代表你了，也就没有什么受不受欢迎了。

同样的，要追求爱情，如果你已经不是你，只为了年龄危机而草草结婚，那样人生也失去意义。

虽然因为传统的社会观念，女性晚婚会感受到很大压力，但我认识的朋友中，有更多的是男性朋友同样表示有"拉警报"的压力。我给他们的建议同样是这样，决不要因为心急而失去自己，那样更难找到对的对象。

其实，不论男女，爱情都一定是从陌生到相识，最后才相爱。即便你本身是个受欢迎的人，但在一对一的相识到相爱过程中，你要做的不是那些社交伎俩，而是两人间的交心。在这

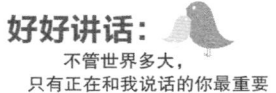
样的时刻里，你不用再去想要受到谁谁谁的欢迎，你只需关心眼前的人就好。

对于择偶标准，全天下女性都不例外，一定会重视的一件事，就是这男的要"疼她、宠她、懂她"。其实反过来说，相爱中的男人，又何尝不希望女方也来"懂他、宠他"呢！

以男性来说，"疼她、宠她"比较容易，加点甜言蜜语送送小礼物，就可让她芳心大悦。但要"懂她"，才是双方发展成正式关系的关键。一个太大男子主义或不够细心的男人，很可能卡在这关不能突破，而断送好姻缘。

反过来说，女性如果只是疼男方，但不能用心去"懂他"，那还是很难建立起幸福的两性关系。

在爱情的路上有些共通的原则，包括本书所有受欢迎的原则，都可适用。只不过，在两人世界里，要客套少一些、真情多很多。

但爱情路上，男女的特质还是不同。

女性要了解男人的特性。一个男人可能见一个爱一个，但终究他还是要找一个最终靠岸的港湾。如果你爱一个人，如何让自己成为那个港湾呢？

其实男女都一样，内心深处都在寻找一种"安全感"，只不过女性表现得很明显，所以一个男性若能带给女性安全感，基本上就可以抓住这女性。女人看男人比较会先了解内在，感觉跟这男人在一起舒不舒服、顺不顺眼，若是顺眼又可带来安全感，就愿意跟他走一辈子；相较来说，男人看女人一开始会注重外貌较多，和他在一起的女子可能刚开始走得比较辛苦，但看多了美女，当碰到结婚这件人生大事时，男人马上变得很实际。常见很多"花心大少"，交过很多女朋友，但最后选择"定下来"的对象，仍会是有才又有德、相处在一起很舒服的另一半。

最后我还是要说，爱情"拉警报"不是问题，只要做好自己，相信缘分还是会到；但当然，所谓做好自己，就是要表现出最好的自己。还是那句老话："没有丑女人，只有懒女人。"其实男女也都一样，先打点好自己，让自己有自信，你的人生另一半，也许很快就会出现。

第15招

婚前、婚后，
始终如一

两性关系是很重要的议题。婚前甜甜蜜蜜、两情相悦，固然是人间美事，但我们也不得不正视台湾地区乃至全国全世界离婚率超高的事实。所谓"幸福的家庭都一样幸福，但不幸的家庭却各有各的不幸"，婚姻不美满，原因可能千百种。

明明当初曾经相爱，否则也不会答应步上红毯；但为什么，原本在世上最亲密的两个人，到后来却变成"最遥远的恋人"？

我认为原因往往出在，婚前男女双方都知道要用心经营；但到了婚后，以为自己已经"任务达成"，反倒没那么用心了。就和每个学生在考试前会拼命冲刺，然而一旦考试结束就松懈了是一样的道理。

根据我的探究，一段幸福的婚姻要如何维持？我有句箴言：**婚前要展现自己，婚后一定要舍己**。

见过无数家庭的悲欢离合，这句话真的是关键。我所看到不和的婚姻，经常就是相反的情况：婚前双方都很舍己，婚后才要展现自己。那悲剧就很容易发生。

不是吗？当男女双方恋爱时，双方都善于"隐藏自己"。很多人结婚前就是很会伪装，女性假装温柔，男性假装体贴；但婚后却——"原形毕露"，许多争吵就会跑出来了。"为什么你结婚前对我那么好，现在就不理我了？""为什么追我时，我住那么远都愿意跑来接我，婚后却总是要我自己想办法回家？"

为什么？为什么？为什么？许多幸福家庭就这样被一个个"为什么"击垮。

在前面我们谈到许多人际关系的学问，要善待人，要善于赞美人。但我从没有说，当我们表达这些善意时，要作假，要演戏。同样的，当我们爱一个人时，要爱她、宠她、懂她，但这三个步骤决不能只是"为达目的不择手段"；如果只为了追求一个人，把生活变成是演戏，那这样的关系就太难维持了。

如果我们婚前本来就是"真诚"相待，那就不用担心未来会发生"原形毕露"的问题。

婚前和婚后最大的改变，不应该是"追求任务"以及"任务达成"这样的改变，而应该是从"一个人追求任务"变成"两个人共同追求任务"的改变。

有一个笑话是：

结婚前，男人觉得做什么事花钱都是浪漫；

到了婚后，他却觉得，做什么事花钱都是浪费。

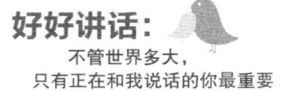

　　还有一个笑话是：

　　女人花钱是因为她的男人让她不开心；

　　男人花钱是因为他的女人让他很开心。

　　凡此，其实都是自己的心态问题。

　　对于婚姻，有人问我："老师，请问两人在一起，到底是个性互补比较好，还是个性相同比较好？"

　　我的答案是，个性"互补"或"相同"不是重点，两人在一起，**价值观相同才是最重要的**。

　　所谓的"互补"，用另一种角度来讲，可以说是两人习惯不同。很多夫妻，就是因为习惯不同，所以最后离婚。当两人相爱时，你的"有"正好补我的"不足"，我的"有"补你的"欠缺"；然而一旦吵架，却也可能变成"为何你跟我那么多地方不一样？这样难以相处……"

　　再以"相同"来说，那就更不用说了，我们也常听到电视剧里这样的台词："我和你实在太像了，所以我们不适合。"

　　其实，没有什么事情是适不适合，只问你们的心还在不在。

　　若价值观相同，两人就比较容易走得长远。因为目标一致、喜好一样，那么做法不同时，就是种"互补"；做法相似时，就是种"相同"。

　　什么是我所指的价值观呢？包含所有活在这世界上的基本理念，但凡金钱观、交友观、家庭观、爱情观、事业观，以及整合的人生观等。两人相处，只要有任何价值观存在严重差异，那结果只有两种：一种就是一辈子吵架；一种就是有一方要忍让牺牲。但无论何者，都不算是理想的婚姻状态。

例如说一个以事业为重的男人，跟一个希望有人陪她游山玩水的女子结婚，彼此会快乐吗？很难。

我在和女友交往，最后论及婚嫁前，曾严肃地和她讨论过我的价值观。别看双方都很熟了，但其实很多男女交往时，谈天说地、互相赞美、温柔相待，但就是没有真正坐下来谈过这样的话题。

像我当时就与我未来的另一半说，以我的价值观，若要为人生排序，是"父母第一、自己第二、家庭第三、事业第四、休闲娱乐第五"。对方的价值观不用和我一样，但我的价值观和她不冲突、彼此都可以接受，那就是相互 Match（合适）。

当然事事无绝对，没有所谓百分百的"天作之合"。例如，对于我看待父母的态度，她会与我沟通，我孝顺父母很好，她很尊重，但我不能要求她百分百做到和我一样，这点我也认可；例如，在她的价值观里，朋友的顺序排在很前面，她的生活里会有很大一部分时间要和朋友聚会，有时不回家吃饭，而是和朋友聚会，偶尔牺牲点家庭，这我可以接受，毕竟我也不是大男子主义者，一定要老婆天天守在家里。

凡此种种，在婚前都沟通好，双方合得来，就可筹组幸福家庭。如果有些关键，例如一个是基督教徒，一个是佛教徒，但又希望对方和自己一样，那就比较难突破。

有句话说："退一步海阔天空。"在婚姻的世界里，两人在一起要严肃以对。一旦许下终身承诺成为夫妻，那么，就要彼此接受；偶尔碰到不一致，只要双方愿意各退一步，就能过着美满幸福的生活。

第 16 招

爱人要用心，
不是用力！

爱情的道理千百种。其实不仅是爱情，人与人间的关系也是一样，只不过爱情比起一般泛泛人际关系，必须要更深入、更聚焦。

这里谈几个重要的相爱法则：

●**所谓爱，不是只用自己喜欢的方式爱他，而是用对方喜欢的方式爱他。**

不论是对伴侣或伙伴、儿女，爱一个人要用心，不要用力。因为用力只是用自己想要的方式爱他，而用心，则是用对方喜欢的方式去爱他……

就拿简单的送礼这件事来说，一般人错误的送礼思维："我喜欢这样东西，所以就送对方这样东西。"这种"好东西要与好朋友分享"的基本心态当然是高贵的，但用在送礼上，经常是错误的。当然对方收礼当下一定还是一副惊喜高兴的样子，可是回家后可能只丢在一旁，那就失去当初送礼的美意。

送礼前要做好功课，送的要是对方喜欢的，最好还是刚好

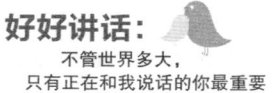
对方此刻正需要的。若你能打听好情报，在对的时间送出对的东西，保证对方对你印象深刻。

送礼还只是小事，男女间交往有太多事，一方（通常是男方）自以为他的方式是爱，但其实另一方并不喜欢那种方式。例如外出约会时，男方喜欢女方牵着他的手，表现出小鸟依人的样子，但女方个性却比较保守，不喜欢在公开场合那样。如果男方强制拉着女方的小手逛街，初始热恋时还可以维持，但久了终究还是会带来不愉快。

在这种情况下，男方应该顺着女方，但如果男方也不想事事都顺着女方，那该怎么办呢？ 的确，在男女平等的社会，不像从前"夫唱妇随"，一切以男方为主；但若一味要男方顺着女方也不公平，这时双方就要做好沟通。以上述牵手的事为例，双方就可沟通好，某些情况可牵手，某些情况不要牵手等等。

●男女交往，企图心不能大于同理心。

讲直接点，就是两人交往，一定要适当尊重对方，特别是男生一定要顾虑到对方的想法。因为传统上，女生内心还是比较保守，有事情不一定说出来，只会闷在心里，形成内伤。

当以企图心为交往原则，就会变成"我一定要追到她"。当两人在一起时，会表达"我的梦想是什么，你要跟我一起圆梦"。很不幸的，这也是过往许多爱情小说的基调，故事就是一个男生如何"奋斗"，最后追上美女，而美女后来被男方打动，成为"他的人"后，整个故事也是以男方为主角，女方仿佛成了帮助他成功的配角。

这类故事，都仍是过往男性沙文主义思维的体现。在现代，有很多中老年人离婚事件，其中许多女性已经和老公相处几十年了，却选择在年纪变老、儿女成长后主动要求离婚，原因是"儿女都长大了，我已无后顾之忧，终于可以追求自己的梦想了"。

说来也悲哀，一个男人爱一个女人，却从不知道这女人也有她自己的梦想。

现代男女交往，不要再犯这样的错，不要用一方的梦想扼杀另一半的人生。多用同理心（若是你，你会希望如何），而不是只有企图心（我想要怎样，你要如何配合我），相信两性关系会更加和谐。

●**家和万事兴基本法门：沟通，沟通，再沟通。**

传统式的家庭是大家长"命令式"的家风，这种"唯我独尊"式的家庭关系，已渐渐不适合现代男女平等的趋势。

幸福的家庭，还是来自于不断的沟通。因为这世界上，不可能找到一个凡事都百分百和你可以搭配的人，所以双方在一起，一定要交流意见，然后彼此各退一步，或者这件事你退一步，下次换那件事我退一步。

曾经有个好朋友和他太太吵架，因为次数频繁，经常见到他又在和妻子冷战。我刻意找一个机会去他家拜访，旁敲侧击了解原因。原来，双方吵架不是因为什么大不了的争执点，只是因为"都想表达爱，但方法不同"而不愉快。

妻子："你爱我吗？"

丈夫："当然爱啊！"

妻子："那你假日不要再往外跑了，多陪陪我啊！陪我一起看影片。"

丈夫："那你爱我吗？"

妻子："我爱你啊！"

丈夫："那你为何假日不陪我去钓鱼？我从小就喜欢钓鱼。"

就这样两人经常吵架，有时候丈夫在假日会陪伴妻子，但陪得心不甘情不愿，人在客厅，心在户外；有时妻子就跟丈夫外出钓鱼，但摆明了——"我是在还人情，但我对钓鱼完全没兴趣喔"。

有人会问，老师你不是说"大家各退一步"，就会有幸福婚姻。他们就是各退一步啊！但为什么还是不快乐？所以这里我要补充，所谓各退一步，要来自"沟通"后的各退一步。以我朋友的案例来说，我后来给他们开导，何必一定要"一方快乐，另一方就得牺牲"呢？这真的不是好的模式。我告诉他们，为何不试试可以"让双方都满意"的方式呢？毕竟他们彼此真心相爱，不需为这种事周周闹到不开心。

后来他们用心沟通，找出好的模式。原来他们可以边钓鱼、边看影片。钓鱼时，丈夫拥着妻子介绍湖光山色以及钓鱼乐趣；然后也可以一起窝在车内，幸福地看着影片，边看边笑。久了，妻子可以边陪丈夫钓鱼，边提供意见；丈夫也经常和妻子聊影片里的剧情，表示妻子看过的影片，他也都喜欢等等。

幸福其实很简单，不用去找什么婚姻顾问，不用搞得双方剑拔弩张，只要不断地沟通，幸福就常在你身边。

第 **3** 章

好事坏事都传千里，网网相连到天边

第17招

我不认识你，
但我喜欢你？

如果有时光机，让从前的人来到现代都会，他肯定会对现代人的习惯感到百思不解。不用回溯太远，就搭时光机回到五年前的台北就好，那时台北就已有繁华的地铁，生活科技和现在也没差太远。最大的差别只在手机上网的普及率，以及Facebook[①]等社群的诞生。但，是的，就只有这样的差别，一个从五年前的台北来到现如今台北的人，一进入台北地铁车厢就会感到非常困惑——为何大家都那么专心地看手机？

从前没有低头族，但现在满街都是低头族，不只是台北，其他地方也到处都看得到低头族。最夸张的场景是，当处在一个亲朋好友聚会的场合，明明大家难得齐聚一堂，原本是共享天伦的场合，却变成人人一个小世界，他们不是和身旁的人讲话，而是都低头看着自己的手机。

天啊！手机有那么重要吗？在这世界上，你最重要的亲人

---

①即脸谱网，是马克·扎克伯格创建的社交网络服务网站。

都在你身边，但你却不理他们，而去跟那些半生不熟，甚至根本不认识的人聊天。

这就是现在的世界。既然这是现代社会现象，我们就要针对这种现象，讨论如何让自己在网络世界受欢迎。

在此，我们要厘清，受欢迎有两种境界：

一种是真正的受欢迎，也就是在现实社会本身就已受欢迎，网络社群则只是加分；另一种是单纯在网络上的受欢迎，一些所谓博客达人，搞不好走在路上没人认识她，但在网络上她却可以是大红人。

现代人之所以经常"沉迷"于网络社群，其中一大原因，就是因为在现实生活中要让自己"变红"实在太难了。但在网络上，好像很容易就可以经营起自己的"粉丝"。也许你今天在学校做了一件很酷的事，可是爸爸妈妈兄弟姐妹都觉得没兴趣听，实际上，你那件事也的确没太多好说的；但你只要稍微加油添醋，再搭配一下照片，在 Facebook 上公布，就可能吸引一群人过来点赞。这种"成就感"是其他人际关系难以企及的，所以许多人乐此不疲，甘心终日当低头族。

我本身不是重度的网络社群用户。一方面我没有那么多时间虚耗在没意义的网络留言里；一方面也见证到许多负面的案例，让我知道上网也要懂得节制。

一个真实的案例是，有一个朋友小吴，他和他另一个朋友小刘是认识十几年的老朋友，但最近却翻脸了，并且一翻脸就像是前世仇人般，彼此老死不相往来。究其原因，到底是发生了什么严重的大事呢？

原来在现实生活中并没有发生什么大事，只因小吴喜欢在Facebook上发文，他本身对于某些政见有强烈主张，有很多偏激的意见。有一次，好友小刘只是好心地在他Facebook留言，要他"不要太固执，偶尔也该听听其他的声音"。就只是这样，小吴竟然愤而在Facebook上删除和小刘的朋友关系。在从前这是小事，但在现代，删除Facebook好友，就是决裂的意思。就这样，小吴和小刘在Facebook上断交，可能基于面子问题吧，在现实生活中两人也就真的不再联络。

这是个夸张的案例，却不是单一案例。小吴宁愿每天沉醉在那些他根本不认识、走在路上也认不出彼此的网友的话语里，而把现实生活中他真正的朋友Fire（开除）掉。

然而夸张归夸张，既然这是现代社会的现象，我们无须逃避，所以在此我想要提出因应之策。

如何让自己在现实生活与社群生活间找到平衡呢？

第一，做好自我定位。

包括 Facebook 和 LINE[①] 等，你要定位好，自己要以什么"角色"出现？别以为这问题很奇怪："我不就是'我'吗？"但请相信我，你已经不是你了，每个人在社群里都会让自己不一样。

现实生活中什么都懒得管的人，到了网络社群，却突然变成一个热心公益者，天天发"路见不平拔刀相助"的讯息。以前也有案例，那些发匿名文章用黑帖攻击别人的人，最后被网络警察揪出，竟然是某大学知名教授。网络会让人"变形"，为了不要让自己角色混淆，还不如一开始就设定好。例如以Facebook 来说，有的人 Facebook 就设定为美食分享，有的人Facebook 主要是做知性分享，有的人主攻八卦，或爱放自己的自拍照，都没有对错。只要确认好定位，就可以好好规划。

有的人白天是工程师，但他本身又是摄影爱好者以及动漫迷，没关系，他可以兼顾，他可以结合摄影概念来规划他的Facebook 和博客，也可以创立新账号加入动漫社。区分好该扮演的角色，跳跃在不同"世界"就可悠游自在。

---

①韩国互联网集团 NHN 的日本子公司 NHN Japan 推出的通信应用。

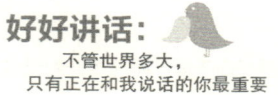

第二，信任自己。

很遗憾的，近期台湾地区出现一些负面的消息，有的人因为网络留言而自杀了，生活中也有很多所谓"人肉搜索"事件，网民都爱当"警察"。若本身就是很在意别人看法的人，一旦被别人攻击，觉得自己被"欺凌"，就很容易受不了打击而做傻事。

我不能阻止大家上 Facebook 或其他社群，毕竟，网络的优点之一就是信息多、流通快。我自己本身也透过网络学到很多新知识，但我要告诉大家，水能载舟也能覆舟。本书主题是如何让你受欢迎，但在此也要严肃地告诉大家，网络上的受欢迎，经常是"假性的受欢迎"。

以 Facebook 来说，我曾见某位知名的学者，他朋友多，也很受学生欢迎，但他在 Facebook 上"人气"很弱，你会因此说他不受欢迎吗？并不会。他在 Facebook 上没"人气"，是因为他光是从事学术研究就忙不过来了，并没有特别去经营 Facebook，也觉得没必要去经营 Facebook。

相反的，很多人每天把心情系于"点赞数"的多寡，今天心情不好，发个文章，有几十个人点赞，于是内心得到温暖、心情开朗起来；但若点赞数只有十几个，那心情又开始不好了。

实情是，不管有几个赞，真心关心你的人，可能只有个位数。这世界上真正关心你的，应该是你的父母家人以及最好的朋友，而很可能当你沉迷在手机世界时，那些关心你的人，也被你关在门外。

所以，在进入 Facebook 前，先认识自己，信任自己。告诉自己，Facebook 只是一个交友平台，不论好坏，都只是个平台，不值得你耗费太多时间，更不值得因此伤神。

我不认识你，但我喜欢你。这有可能吗？别想太多了。

第18招

是真的受欢迎，
还是假性受欢迎？

虽然在上一章我鼓励大家不要沉迷 Facebook 等网络平台，但也请大家不用因噎废食，若善用网络及社群工具，还是可以让生活更方便的。

一个善用社群工具为自己服务的人，是聪明的人；反之，就只是现代科技的奴隶。

一个懂得社群礼仪的人也会是受欢迎的人，若运用得当，许多人还可以从社群"红"到现实生活。

近十年来，许多知名的人物，如九把刀、弯弯等，姑且不论他们后来因为绯闻而形象大伤，单说他们从默默无名到成为社会名人，搭的就是网络便车。他们初成名的时代，还没有 Facebook 及 LINE，但已有博客以及丰富的网络文学，就是在那个背景下，他们走出一条路。

这几年来，更有许多人因为社群生活营运得当而成就事业。许多知名的博主，因为影响力大增，现在请他们写文章，一篇动辄好几万元，甚至超过十万元，而"红"到一个地步后，博主甚至上电视变成名嘴，成为月入数十万、上百万元的富翁。

我鼓励朋友，若你有一些专长，但在现实生活中，也许因为个性内向，或因为专长的专业性较局限，让你因此无法受欢迎，那么透过网络营销自我是个好点子。好比说你擅长写言情小说，或者你是个军事达人，又或是你对美食有独到见解且文笔又不错，那么，网络社群也许是个值得经营的园地，让你有机会成为一个"受欢迎"的当红人物。

并且我要特别强调，这种受欢迎，是真正的受欢迎，是基于实力所带来的受欢迎。相对的，一些只靠美女图或技术性操作，让自己"人气"变高，那都只是虚假的受欢迎。什么叫技术性操作呢？其实，任何人只要有心，例如你花个几天工夫，到处逛 Facebook，到处去帮别人点赞，到处加入好友，十个网友里总有三五个愿意加你好友吧！因为你帮别人点赞，十个人里也许有一两个会回馈你，也来帮你点赞吧！相信若你愿意花个几天工夫专心做这件事，终究会累积你自己 Facebook 的点赞数。

事实上，某些专业公司的服务内容，便是帮客户累积点赞的次数，方法也是透过勤劳撒网，以及靠名单带动名单。只不过，这个数字对你来说，有任何意义吗？除了当下得到一种自我安慰式的高兴，在现实生活中，若本来就是 Nobody，那此

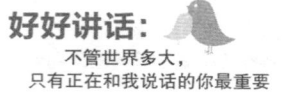

时仍然是 Nobody 啊！

想要让自己在社群中广受喜爱，除了胸中有点墨、有真实本领外，就是要注重礼节。

以工作来说，最常被使用的不是 Facebook，而是 LINE 和 WeChat① 等平台。一种实用的做法，就是透过业务关系，将同性质的人结合成群组。例如公司不同产品的业务团队设有专门群组，甚至有的公司，规定看 LINE 是每天基本工作内容之一。也的确，有了 LINE，老板交办事情，或同事间讨论项目，变得更快速便利。也许老板人在高雄，团队分散在台北台中各地，但靠着 LINE，当老板下一个命令，同事们可以即刻执行，就算有讨论意见，也可很方便地在群组上讨论。若在过往，老板要交办事情，得将全体员工拉回台北总公司开会，会议讨论耗时费力，往往开完了会，还是发现有事情没讨论到，在执行时仍得靠电话问来问去。有了 LINE，实在方便不少。

但在 LINE 普及的现代，有些礼仪一定要遵守，否则就会让人讨厌。首先，如同 Facebook 一样，我们还是要做好"自我定位"。一般人多半有私人 LINE 账号，然后加入几个不同群组，那么当在使用私人账号时，要怎么聊天乱打字都可以，那是个人自由；可是一旦在群组讨论事情，就列入"公事"范

①海外版微信的名称。

围，行事要小心。

群组里常见两种很讨厌的人：一种叫洗版[①]客；一种叫炫耀客。

洗版客通常就是两个人在 LINE 上讨论事情，但是讨论到后来变成两人在争论或者是开玩笑，忘了这是"公开场合"。他们打字占了太多篇幅，结果带给大家很大的困扰。因为我们在 LINE 上时常有些公告事项，但因为有人洗版，其他人要看公告，还得往前一直拉一直拉才找得到，带给大家困扰。

另一种洗版，当事人也许以为是开玩笑，但却会让大家感到很讨厌。例如一句话："我下午要去桃园开会，见那个很爱杀价的张董。"他可以打成：

我

下午

要去桃园开会

见

那个很爱杀价的

张董

在手机的小小屏幕上，这句话就占了六行。若他经常如此，那更是 LINE 沟通上的噩梦，你根本很难清楚看到所有讨

---

①台湾地区常用语，即刷屏，指在通讯应用对话系统中短时间内不断重复发送大量消息，占据聊天版面。

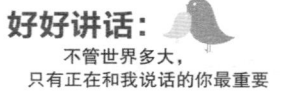
论讯息。

炫耀客也算另一种性质的洗版，就是他看到什么笑话、什么有趣的图片，想到就拿来 LINE 上分享。的确，LINE 群组本来就是一个分享的平台，只是若这群组是公务性质，你一直上网发这些和工作无关的事就惹人讨厌了。

其他令人讨厌的行为，不论在 Facebook、在 LINE 或在博客都一样，就是贴广告。在 Facebook 上，你还可以封锁这个人，在 LINE 上就比较困扰。也许对方是群组正式成员，但老是爱上网做广告。我有个朋友，就透过 LINE 管理员机制，先是公开警告，后来有人再犯，他只好痛下铁腕，用强制删除的方式，删掉那人的群组资格。

LINE 既然被界定为是公事的一部分，那就要依照公司规定，每天要开机，但不一定时时要看 LINE。有的公司规定，每天要"经常"看 LINE；有的公司则指定时间，当有重要事情时，下午两点会在 LINE 上宣布，等等。

我个人觉得，LINE 虽然很方便，但也不要一天二十四小时都在看，那样反而影响正常工作。相信一个理智的老板也不希望自己员工每天都在看 LINE，而不去忙工作。

最好的做法，还是急事联络靠电话；平时有讨论事项，再选择在 LINE 上分享。

第 19 招

你为什么
不理我？

很多事情，一开始人们以为没什么，认为只是一个小小的声音，但后来却发现，原来那小小的声音，影响力有那么大。网民就是指年轻人吗？其实不然，现代每个人都可以是网民。从前人们生活再忙，生活圈也只是名片簿里的那些人，但现在，人脉累积速度变快了，虽然百分之七八十都是半生不熟的人，但只要是认识，就还是会花时间联络。从前时代还可以说通信不便，见面点个头，从此成为过客；现代却只要一个人成为你 LINE 上的朋友、Facebook 上的朋友，就可能时时刻刻发讯息给你。

这也为现代人带来一个常见的问题，那就是"已读不回"。

当我们面对面时，我讲一句话，对方就要回一句话，直到他表示不想讲话为止；当我们用电话沟通时，也是我讲一句话，对方做响应，若不想讲了，就挂断电话。但当 LINE 时代来临，就产生一种状况，我讲一句话后，你接着要做什么？有三种选择：一、回一句话；二、一直没读讯息；三、已读不回。

当透过网络沟通时，"已读不回"的确是种让人"心焦"的状况。就好像你去商店买东西，要么店员出来帮你结账；要么店员不在，你下次再来。但现在是，店员明明在，却站在你面前，呆呆地不讲话……这是什么状况呢？你是要还是不要？你是同意我还是反对我？你是知道了还是我还得打电话告诉你？你到底是怎样啊？

许多情侣后来吵架，就是因为这种"已读不回"的事件。

但实际分析，为何会已读不回？大多数情况，是没空回；有的时候，是根本忘记这件事。因为当我们忙碌时，不一定会时时看着手机；而在工作或上课时，手机经常会开静音，也无法时刻看着手机。也因为通常 LINE 传的事不是很紧急（真有急事最好打手机），所以既然有回没回都没差，讯息就会被"放"在那边，忘了传 LINE 的那个人可能此刻正"心有千千结"呢！

我的建议是，要避免这种情况，可以选择"不要点开"。

当你正在忙的时候，根本就不要去点开 LINE，没看就没有回不回的问题。有时候，则是 LINE 另一方问的问题，你暂时无法回答，例如对方问你"晚上要不要一起吃饭"，但你正在等另一个约，有可能是约在今晚，所以你无法立刻回复。此时，礼貌上你要简短地回应："我目前还不能确定，可否下午

× 点再回复你？"或者，干脆先不要点开 LINE，因为当看
LINE 时，我们还是可以看到对方最新的留言，只要不点开单
一的 LINE，那么在对方的 LINE 显示里，你还是处于"尚未读
取"状态。你就可以慢慢考虑，等确认后再回复就好，如此，
就不会有不礼貌的问题。

另一种情况是，例如在会议中，因为公事关系，公司里也
准许你手机放在身边，但要开静音。此时你看到 LINE 的讯息，
也不小心点开了。那么，无论如何，你都要回几个字，例如：
"我正在开会，不方便。"甚至就发个图过去，如果对方和你
够熟，就会知道，你现在不方便回。

现代的网络通信平台有很多，包括 LINE、WeChat、
Skype①，等等，如果在和朋友见面时，对方抱怨，说他留讯息
你都不处理，这时就可以当面讲清楚，说你平常没有在使用
某个平台，所以看不到。这种事情的确常发生，因为就算是
LINE 传讯息，也有可能当初在设定时，双方虽有互加 LINE，
但最后未按确认。结果，他的讯息可以传给你，但在你的手机
里却真的看不到，还必须去"加入好友"中做设定，才看得
到。

凡此种种，都必须注意。因为在从前，网络平台的通信软

---

①一款即时通讯软件，是全球最受欢迎的网络电话之一。

件，都只是工具，但在现代，似乎只要是朋友，就要建立这种关系。而如果在这层关系上都不能做好沟通，似乎也就暗示你们的下一步难以进行。而如果两人是想往男女朋友关系方面发展，更是代表着你们双方不来电。

而在网络通信时代，一个常犯的错误，就是忽视对方的感受。当你打字给对方，也许图个方便，只打几个字，却忘记当对方看到你的留言时会不会误会。有时候字打太少会让人误会意思，更多时候则是字打得"冷冰冰"的，让对方觉得你冷漠没有感情。男女朋友间，有时候就会因此吵架。例如同样是回答"我知道了"，若打成"我知道啰！"外带加个笑脸表情，对方会感到比较温暖。

特别是当在交代事情时，若打"出门时记得门要锁好"，对方看到留言就觉得像是在命令；但若打成"出门时记得门要锁好喔！"感觉就会比较窝心。

别小看这种事情，若 LINE 只是单一事件那还好，但若不幸，刚好搭配其他事情，好比说，早上本来小两口就闹不愉快，此时 LINE 的语气又太过冰冷，就会让双方的冷战更加严重。

曾有一个经理留言给部门新人，她本来写着"下次不要再迟到了"。正准备按 Enter，此时她仔细想想，早上刚骂过这个新人，如果 LINE 这样传出去，可能让对方以为经理不信任她。

于是，经理把句子修改一下，改为"下次不要迟到啰！"一字之差，整个语句却变成带点温馨、小提醒的感觉。对方后来也立刻回复："经理，遵命啰！"让经理看了莞尔一笑。

后来，这个新人来公司三个月后渐入佳境，工作实绩也渐受肯定。谈起当初那个 LINE，她就说，那天她本来有点心情不好，如果又收到冷冰冰的 LINE，很有可能第二天就不来上班了，但经理那通"温暖"的 LINE，让她决定再给自己一次机会，从此也都没再迟到了。

从 LINE 也可以看出一个人的个性。如果一个人动不动就用 LINE 紧追不放，这种人可能带给对方很没安全感的印象；如果一个人喜欢 LINE 讲一半，也不做个结尾就突然消失了，隔很久才又继续对话，可能也会带给人不是很负责、不可交付重任的印象。

第 20 招

上 Facebook
就是把自己摊在阳光下

　　除非一个人摆明了拒绝现代科技，坚持不被现代 3C 工具[①]干扰，否则任何人只要加入网络世界，你的一举一动，就会受到影响，也会影响别人。

　　其实现代社会真的还是有很多非 3C 族群。有的人是追求纯朴生活，能不用现代科技就尽量不用。家里没电视没冷气，可能有个备用的传统手机，但绝不是现代化的智能手机，在美国，这样的族群很多；有更多人则是纯粹出于经济考虑，不使用智能手机，或只用传统手机；就算是有高级手机的人，也不是人人都习惯随时使用 LINE、Facebook 等。因此，当我们做人际沟通时也要记得，不要把使用 LINE 等行为视作理所当然、人人都有的行为。

　　但不可否认，在现代人际沟通上，LINE 和 Facebook 的重要性变强了。近年来台湾地区就发生几起和 LINE 相关的劳资

---

① 3C：指计算机（Computer）、通信（Communication）和消费类电子产品（Consumer Electronics）三者结合。

纠纷，有员工请假没上班，就只是用 LINE 传讯息，说"我今天生病不去了"，但对公司来说，这不算正式流程，于是那人被记为旷工。

或者开会通知用 LINE 发，但刚好有的人手机坏了，或忘在家里，并没有收到通知，结果没参与会议，引来主管大发雷霆。

但究竟该怎么做比较好呢？我的建议是，在工作上，只把 LINE 当成是辅助工具就好，不要把 LINE 当作"正式平台"。基本上，LINE 不算正式工具，并且就现实面来说，如同前面所说，虽然智能手机已经普及，但也的确还是有很多人因为经济情况不佳或其他原因，并没有买智能手机。除非公司有补助员工手机，并且正式规定员工要看 LINE，否则若因没看 LINE 而错过讯息，不能责怪员工。

即便每个员工都已有智能手机，建议真正重要的事还是要在正式会议时面对面交办，或者电话指示。至于 LINE 群组倒是可以传些和福利相关的公事，例如"工会正在团购水蜜桃，有兴趣的快来登记"等。这样的讯息，就算员工没有看到也不会影响具体的工作。

现代人每天多少都会受到网络社群影响，大部分人知道一则最新讯息的主要来源已经不是靠看电视，而是靠上网。

然而很多人可能忽略了，不只是你自己受影响，同时你也

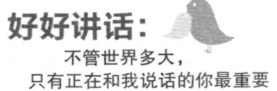
在影响别人。

当我们上 Facebook 留言时，别看上面点赞数只有二三十个，实际上看到的人可能有两三百个。许多人留意你的讯息，但他们不会点赞，他们甚至也不是你 Facebook 的朋友。而若刚好你发布了比较耸动的讯息，透过分享机制，看到你 Facebook 的人，甚至可能暴增到上千人。

因此最好不要把 Facebook 当成是你的日记，真的要有私密性，你就绝对不要上网。一旦上网，就代表你是要把自己摊在阳光下，供人欣赏。

近来有太多这类的纠纷了，有员工在公司被老板骂，于是在 Facebook 留言用"三字经"骂老板；或者去哪家店吃东西，觉得这家店服务不周，就上 Facebook 写"这家店是黑店，请告诉大家，不要再去被坑"。结果以上的案例，最后都闹上法院，并且在 Facebook 留言的一方，也都因此失去工作或被罚款。

有人认为，我只是在"自家"Facebook 发言给自己看，又不是跑去老板或餐厅那里留言，为什么犯法？这就是对网络的法律定位不了解。总之，若你想当个有自我隐私的人，就不要上 Facebook；一旦上了，就要对后果负责，包括法律责任。

国际知名大企业如果要应征一个人，事先会做很多功课，其中就包括上 Facebook。台湾地区也有很多企业，会上

Facebook 做简单征信。从 Facebook 上可以看到的事很多，别以为你没在 Facebook 上写下犯法的言论就好，很多事都还是会影响你的未来。例如当你留言发表对政治的看法，有的公司可能从你的言论中，认为你这个人的思想比较偏激，未来或许会和主管常争吵，所以不适合；有的公司发现你在 Facebook 上尽是发些吃喝玩乐的文章，但从来没什么建设性发言，可能就觉得你这个人只爱玩，不适合他们公司，等等。

别以为 Facebook 只在工作职场发生影响喔！就连感情世界也是一样。现代男性若在外头有小三的，知道老婆会检查 Facebook，当然不会白目到在 Facebook 上留下犯罪的痕迹；但可能发生的状况是，男女尚未正式交往，还在"友达以上，恋人未满"阶段，当对方对你有兴趣，理所当然会上你 Facebook 浏览，然后一旦发现有什么"怪怪的"，例如你有奇特的言论、怪异的搞笑照片，或者你的交友圈很复杂，等等，可能看着看着，原本刚开始发芽的恋情就此枯萎，大家"谢谢，再联络"。

有一个很大的误解，许多人为了冲人气，喜欢在网络上发些自以为可以吸引人的文章、图片，最常发的是美女图。姑且不谈有没有法律问题，但光以观念来说，也许那些美女图可以帮你吸引人，但可惜吸引到的主要还是烂咖。以女孩子来说，有人想要让自己一夕暴红，发些尺度边缘的照片，希望可以被星探相中，可惜，星探不会来（因为老实说，这种图片太多了），反倒吸引到一些不正派的人，若因此建立某种联结，那就后患无穷。

Facebook 上男女交往，还有一个大缺点是，当甜蜜的时候，双方不分你我，一旦分手，惨了！过往的一切都在 Facebook 上留下纪录。虽然你自己 Facebook 上的照片可以删掉，却不能逼对方也删除他 Facebook 上的纪录，因此惹出的争议，近年来也常登上社会新闻。有新婚爱侣因为一方从前旧照片曝光，而婚姻出现裂痕的；也有刚要窜起的新星，却因过往裸露照片被公开，其形象大受损伤，只能说悔不当初。

特别是对于女性，我这里要提醒，即便现在已进步到网络发达、男女平等的时代，但传统思维的影响力多少还是存在的。这就是社会现况，所以女性上网要比男性更加小心。正面讯息可帮助自己，但网络上负面讯息对自己的杀伤力，千万别小看了！

第 21 招

让我向全世界
广告我自己

由于网络社群是影响现代人际关系的重要媒介，因此，在此多用点篇幅来做介绍。在从前时代，一个人只要懂得处理好人际关系，懂得在镜头前微笑，就可以展现良好形象。从前虽也有八卦杂志，但人们总认为那是"小道消息"，虽不会不信，但也不会全信，总之，不会太影响名人的知名度。

但现代社会不一样了，网民的力量太强大，动不动就展开人肉搜索，动不动就爆料起底。并且如果有两股力量同时运作，其效率是过往的百倍千倍，一个力量是信息搜集，另一个力量是网民传播。有时人们会很好奇，这世界上怎么真的有人会闲着没事做，真的花工夫去找数据，并且还制作成文章在网络上发布呢？但请相信我，现在的宅男宅女们，要他们在阳光下做什么运动竞赛，可能都很弱，但要他们在计算机前彻夜不睡绝对没问题，并且当网民串联起来后，大家在网络上有伴，兴致就更大了。

像是有什么偶像明星出道，或有什么清纯玉女出来做公益广告，从他们开始红的那一天起，就等于是昭告天下："大家来研究我吧！"

网络的信息力量强大，但可惜，网络虽有充足的信息，却不代表有信息筛选的能力。于是现代人表面上拥有比前人多百倍千倍的信息，但信息太多反而等于没资讯，所以造就的现代孩子，不一定比从前更有内涵。反倒因为少了看书的习惯，不论是文字书写能力，还是对于基本常识的了解，都有退化的趋势。

经常发现一个讯息出来，经过网民们大力推广，一时间便成为主流讯息，就算其中有些有识之士发现信息好像有误，也是"蚂蚁难撼大树"。一个人若负面的形象被定型，再透过网络的力量，那简直是无法翻盘了。以知名的某国际明星为例，她出道时是个拍过三级片的小咖演员，在那个年代，计算机也才刚问世，网络科技还不够发达，虽然她在这十几、二十年后已变成一个演技派明星，但不论十年、二十年过去，她永远会被人起底说她是"脱星"。还好她出道比较早，若她出道晚一些，可能还没有发展，就先被网络力量给淹没了。

因此，我常劝朋友，凡走过必留下痕迹。因为是演员，所以难免在当年的报章媒体上留下痕迹，但我们只是平凡人，若不是我们"自己公告"，一般人并无法知道我们的成长轨迹，如果将来有一天我们出道变成电影明星，媒体所能找到的数据，也顶多就是我们求学历程的所有毕业纪念册。

但若我们选择经常上 Facebook，那就要有个认知，是我们自己把自己的轨迹呈现给大众看。

许多明星或企业家们常忘了这点，明明对外喊穷，说日子不好过，但Facebook上却发出他出国旅行、去大餐厅吃饭的炫富照。

二〇一五年轰动一时的贵妇团阿帕奇事件[①]，更是 Facebook 惹的祸。老实说，若当初观光者不在 Facebook 上炫耀，也不会东窗事发，并且一环扣一环，从这个 Facebook 追到那个 Facebook，其间有人发现事情不对，想要赶快删除 Facebook 文章，但别忘了，现代网民是超有效率的，一嗅到哪边有好玩的事，便疯狂涌入相关人等的 Facebook，并且把相关图文都拍照存证。

什么时候那些图文会消失？答案是永不会消失，一直到世界末日那天。

听到这里，朋友们还要对 Facebook 掉以轻心吗？

我的许多朋友都是知名讲师或企业家，他们早已觉悟，Facebook 只是另一个 Promote（推销）平台，因此你上他们的 Facebook，只会看到一些很实用的东西。对于有兴趣的人来说，他们自然会留下来，学习这些在线教学的东西。但一般想看八卦的朋友，绝不会在他们的 Facebook 上找到什么负面的

---

①台湾地区某军官之妻组织观光团参观军用阿帕奇直升机，事件曝光后引起了台湾地区民众强烈不满。

私人信息。

基本上，一个想要受欢迎的人，一定也是个懂得自我定位的人。现在假定我送你一个免费广告平台，让你可以长期运用，难道你只会在上面发些没营养的文章，例如"今天那个麻烦老板又发飙了"，或"今天老娘心情不好，×的别惹我"这种吗？如果是广告平台，你一定会用心良苦地去发挥。那么现在，Facebook 不就等于是个完全免费的广告平台吗？

请想清楚你的发文目的是什么，并且想想这样是否有助于你成为受欢迎的人。

请问你每天发吃喝玩乐文章的目的是什么？是要别人羡慕你吗？这样是否能让你更受欢迎？

还是你想让人们知道你是成功人士，借此塑造你的正面形象，甚至欢迎一些陌生朋友透过 Facebook 与你做生意，建立合作关系？若是如此，那你的 Facebook 又该是什么样子？

如果今天 Facebook 是要付费的，就好比你刊登一个报纸广告，多则几十万元，少也要好几万元，那么你会在广告上乱写文章吗？

或者今天有电视台要专访你，你会和主持人讲一些没营养的内容吗？

当你用心思考网络这件事，用心思考"你"和"人际"的关系，相信之后你应用网络社群时，就会更加仔细、更加用心。

第 **4** 章

职场魅力，让你前途亮丽

分享一个职场的实例。

公司刚承接了一个市政府标案，老板召集策划部同仁开脑力碰撞会议。老板："大家都知道，夏天到了，市政府下个月要办一场水上嘉年华活动，本公司很荣幸在同仁们的努力下，拿下这个案子的摊位区招商案，今天我们来讨论具体做法，请大家踊跃发表意见。"

Ａ策划拿起早就准备好的建议案，第一个发言，高谈阔论，他建议该重点举办怎样的抽奖活动可以吸引人潮。

Ｂ策划拿起他自己的建议案，提出另一种建议，他觉得抽奖太老套，抽奖还是要抽，但不是活动重点，重点应该是办盖章地图活动，因此和Ａ策划激辩起来。

Ｃ策划没表示什么意见，他左称赞Ａ策划有内容，右夸赞Ｂ策划有新意，纯粹附和别人。

老板边皱眉，边一言不发地看着Ａ和Ｂ在争论，然后望着Ｄ策划和Ｅ策划，因为他们两人都还没发言。

知道老板在看着他们，Ｄ策划开始发言了，他只问一句话："老板，您昨天在市政府开会，请问市长有没有什么指示？"

老板终于露出了笑容。

老板又问 E 策划意见，E 策划只说，一切听老板指示，老板的意见一定最好。

原来市长想要将本次活动和公益结合，另外也想要照顾当地农民，所以已暗示这场活动的重点在于"建立市政府的公益形象"，至于招商的噱头，倒是其次。

在厘清项目重点后，大家才又开始讨论，但之前已浪费了半小时。

这个实务案例，带给我们什么启发？

职场用人，当然都是要找"有才"的人，然而，既然都可以考进一家公司，基本的本职能力绝对是足够的。真正考验能力的关键，不在谁比谁"聪明"，谁比谁"认真"，更不是谁比谁"会谄媚"，而是谁比谁"懂得做人做事"。

职场上常见的三种人，第一种是像 A 策划一样，只懂得"彰显自己"，忘了深思熟虑后再行动；第二种是像 B 策划，他也一样没有先就大局着眼，只会站在自己的立场，和不同意见的人对抗；第三种像 C 策划这样的人最多了，谁也不想得罪，人云亦云，双面讨好，这是老板最不喜欢的类型，但职场上这类人当真不少。

唯有 D 策划，这样的人懂得做到"先退一步，观望全局"；更重要的是，他懂得在不着痕迹的对话中，让会议主导权重回老板手里。

至于 E 策划，只懂谄媚，虽然拍了老板马屁，但没有什么实际贡献。实际上，他没做几个月，就因能力太差不得不离开公司了。

而来年，D 策划升任策划主任，带领 A、B、C 一起打拼。

第22招

顺着
对方的毛摸

在职场上，人人都想成为受欢迎的人，但"受什么样的人欢迎"很重要。

有的人一味讨好同事，三天两头就请同事吃饭，或给点小东西，自以为建立起自己的"人脉"。殊不知，只依赖物质讨好同事所换得的"受欢迎"，只是虚假的"受欢迎"。而与此同时，这样的人却可能让老板和主管们讨厌，因为所有老板和主管们都不喜欢搞小圈子的人。

"一山不容二虎，你在我眼皮子底下想做大善人。怎样？是要抢我的位置吗？"这可能是老板或主管心底的 OS（独白）。

还有些人只一味地"顺应上意"，做任何事，他的口头禅总是"老板说……"，左一句"老板说"，右一句"老板说"。在职场上，这样的人最不受同事欢迎，久而久之，讲话也永远矮人一截。但得罪了同事，至少讨好了老板吧？可惜也没有，老板也不喜欢这种没主见、只会"听命行事"的人。最后这种

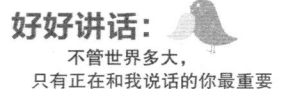

人往往落得两面不讨好，被同事排挤、老板也不喜欢他，只得卷铺盖走人。

在职场上，到底怎样的人才会受欢迎呢？要站在老板这边？还是站在部属那边呢？似乎两边立场相反，站在这一边，就势必得罪另一边。

但事实当然不是如此。

首先，不要以"零和"的角度来看待办公室的关系，而应该以"如何将事情完成"作为判断依归，事情可以完成，老板自然高兴，而且事情的完成并不是靠讨好老板，那同事间也能相处愉快。

重点是，如何把事情完成呢？

职场上的人常犯的一个错误，就是"搞错方向"，他自以为把事情完成了，但实际上，依老板的标准他并没有完成。

简言之，要把事情完成，还是要依照"老板的观点"，但这不代表你在谄媚老板。

举个例子，由于你心思细腻、工作勤快，老板把你找进办公室询问意见。

老板："小陈啊，关于上海大厂那边的商品设计需求，你有什么想法？"

小陈："我觉得现在流行文创公仔风，我们可以来设计几个可爱公仔，再搭配一些角色设定，一定很有意思。"

老板："有趣有趣，那你提个案子给我看看吧！"

这样的结果，皆大欢喜。

但同样的背景，有另一种版本。当小陈提出文创公仔风的概念后，老板提出进一步的意见。

老板："现在环保议题很热门，也许可以提出环保概念的商品。"

小陈："老板，环保议题喊了几十年，已经是老梗了。我们应该开创新局，做公仔，让各年龄层的人都买单……"

老板："……"

小陈这反应，就不是很妙了。或许最后老板采纳"你的"意见，公司若因此赚钱了，那就没事；若这个案子发展不如预期，那你的地位就不保了。

现在换另一种方式，当老板提出环保议题正热门时，小陈立即热烈地响应："老板说的是，果然高招，那么按照您的想法，做成环保概念的公仔，一定会大受欢迎。"

当小陈这么一说，他在老板心目中的地位又提升了三级。

因为小陈做对了两件事：第一，他"顺应老板想法"；第二，他"把一切功劳都归给老板"。

不论是在公司领薪水做事，或是在商场和客户互动，道理都是一样的。

受欢迎的人，就是可以"顺着对方的毛摸"的人。

就好比你顺着毛抚摸一只猫咪，它会在你膝上乖乖睡觉；但你不顺着它的毛摸，小心它跳起来咬你。

不论是和老板讲话、和客户沟通，或者纯粹与人交谈，"投其所好"是基本的要求。

以夫妻买衣服为例，当太太问你："买黑色这件好，还是白色这件好？"你可以中肯地提出意见："我觉得白色比较好看。"但接着她说："可是你不觉得这件黑色的穿起来会很出色吗？"此时，做丈夫的就该知道，其实太太心中已有定见，接着就该表示："对耶！你的眼光比较好，你穿黑色超美的。"若有丈夫白目到还要说："你家里黑色衣服很多了啦！不要再买黑色的了。"可想而知，一场争执瞬即上演。

很多夫妻争吵就是这样来的。

连亲密如夫妻者，都可以这样意见不合，甚或最后吵到离婚，更何况职场上的人际互动？当老板或客户们已经"暗示"他们心中的想法时，你心中纵然有再多高见，也请停止自我表述，停止所有"自以为是"的建言。接下来，没有第二句话，顺着老板的思路走下去就好。

建言，只在对方没想法时有用。如果你觉得老板是没想法的人，那就尽量提意见吧！只是，你想想，一个"没想法的人"有可能会成为老板吗？思虑及此，你还要固执己见吗？

第 23 招

转换角度，
逆势胜出

当你是作为由上对下的赞赏者、扮红脸角色的激励者，或者施惠于人的施予者时，想要讲话受欢迎，并非难事。真正考验一个人说话智慧的，反倒是当你处在不容易讨人喜欢的位置时，仍可以把话说到让人喜欢，从而达到目的，这才是谈话及人际沟通的最高智慧。

想想看，我们在职场，是不是经常处在这样的位置？我们希望公司给我们加薪、要上级给我们更多资源、要其他部门积极配合、要客户掏钱买产品……这每一件事都是高难度的沟通，一不小心就得罪人，但它偏偏是我们每天都要做的，那此刻就看我们的功力了。

同一件事有很多种说法。我们的日常生活也经常要做到：一件事，不同表述。

有个笑话是这样的：

A 和 B 两人分别到教堂来，向神父告解。

A 和神父说："神父啊，我每次祷告时都很想抽烟，可

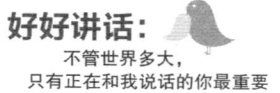
以吗？"

神父怒斥："荒唐，祷告是神圣的事，怎么可以在祷告时想抽烟，回去检讨一下。"

另一天，换 B 来到神父面前告解。

B 和神父说："神父啊，我每次抽烟都会深刻反省，这时就想到上帝，所以我每次抽烟的时候都很想祷告。"

神父说："能够时时刻刻想到神，你这孩子是神的骄傲，记得永远不要忘了上帝。"

明明是同一件事，只是讲法不同，一个被喜欢，一个却被讨厌，这就是说话的艺术。

不妨想想，当要陈述一件事，而对方极可能不同意时，最佳的方案是什么？

好比说，考试成绩差了，要和父母报告；好比说，想买一辆车子，要和老婆要钱。每件事尚未开口，就可以想象对方责骂或反对的脸孔，此时可以怎么做呢？

一般人面对这种情况时，有四种策略：

第一，说谎。这是最差的策略，当说完一个谎，将来便要用另一个谎来圆，永远有补不完的缺漏。最终"纸包不住火"，结局更惨。

第二，隐瞒。技术上来说，这不是说谎。不是常有老板骂员工或夫妻吵架时，盛怒的一方质问："这件事你为何没告诉我？"另一方只能摸摸鼻子说："你又没问我。"选择隐瞒，躲得过一时，却躲不过永久，也不是好策略。

第三，硬干。就有话直说了，明知结果不好，仍坚持去做，这不叫勇气，而是鲁莽。很多时候，人们没有其他方式，也只好硬着头皮直说，但效果可想而知。

第四，转换。本来嘛！骰子有六个面，筊杯①有多重含意，同样的东西，端看你怎么呈现。只要选对方式，还是可以有好结果。

什么叫选对方式呢？依照我们对人性的理解，只要做个简单的"主语"转换，就可以无往不利。也就是从"I""My""Mine"，转变成"You""Your""Yours"，结局就会不同。

例如，当我们要陈述一件事情时，本来都是以"利己"的角度为出发点，实际上也希望是利己（例如为自己加薪、为自己要到预算等），但在陈述时，却要改成"利你"的讲话。

下面举个例子：

老张和老王两人都想在家里装一套音响，但身为好丈夫的他们，家中预算都掌握在老婆大人手里，因此老张和老王分别要和老婆请求花钱买音响。

---

①又称筊贝，是中国民间信仰的一种寻求神灵指示的工具。

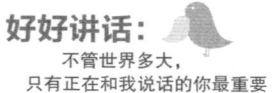

先看老张，某天他下班回家，用恳求的方式和老婆说：

"老婆啊，你知道我工作多年来很辛苦，白天劳碌奔忙，晚上回家后，也想放松一下。我想买套音响来放放音乐，松弛一下紧绷的心情，你说好吗？"

老婆心想，难道有我陪着你还不够？还觉得下班不能松弛？但看老公求得可怜，还是问道："那音响要多少钱呢？"

老张说："六万元。"

老婆一听立刻大吼："什么！六万元？！你以为家里很有钱吗？"

夫妻俩就吵了起来。

再来看老王的例子，他也是某天下班回家，和老婆聊起买音响的事。

老王先是深情地看着老婆，虽是老夫老妻了，被丈夫这样看着，老婆也有点害羞，娇嗔："讨厌，你干吗这样看我啦？！"

老王："没有，我只是想着，这么多年来，你真的为这个家付出许多。今天我在卖场看到一组很棒的音响，听着那悠扬的音乐，我就在想，这音响多适合你啊！真想下班后边听音乐边牵起你的手，回想你我共度的美好时光。"

老婆："别只会说，那你还不去买？！"

老王："但是要六万元，我私房钱还没存够。"

老婆："要拿钱就说嘛！明天我们一起去买。"

同样的策略，不论套用在任何场合，都可以有加分的效果。

比如说和老板要求加薪，不要说"我薪水太少了，请给我加薪"，要说"老板，请让我为你做更多贡献，为你赚更多钱"。卖东西给客户，不要说"我们的商品太优秀了，你不买可惜"，而要说"你这么优秀的成功人士，值得拥有我们这么好的产品"。

同样的一句话，换个立场来说，必定会有不一样的结果。不但让你的目的达成，过程中，因为你总是站在对方角度，为对方好，对方又怎能不喜欢你呢？！

第24招

你自己
就是品牌

在上课时，我常会问台下学员们一个问题："你们觉得'需要'和'喜欢'，哪个比较重要？"

绝大多数的人都会说"需要"比较重要。

但我却说："不对，'喜欢'才是最后的决定因素。"

举个例子好了，当你口渴时，有时进去便利商店指定要买茶里王①，是因为"需要"还是因为"喜欢"？如果是因为需要，那最解渴的应该是白开水，而非茶里王吧？

所以当人们进便利商店掏钱买饮料时，他的行为，常常不是单纯为了满足"需求"，而是代表进入"情境满足"的心理状态。

我们大部分的人都是活在"情境消费"里，这样的状态，不仅出现在消费场所，也出现在商场上。

例如，当我们口渴而要在便利商店选一罐饮料时，不是

---

①台湾地区统一企业在包装茶饮料市场推出的一款饮料。

选择最可以满足需求的，而是选择自己最喜欢的。换了在商场上，客户选择下单的对象，"需求"当然是主要考虑因素，但是当许多厂商都可以满足这需求，为何单单要选择你这家呢？那就是看客户"喜不喜欢"了。

在职场上也是一样，很多从小只会读书的人，自以为是资优宝宝，但在职场上却总是不如意，感叹自己"怀才不遇"："明明我能力够强，长官交办我的事也都可以如期完成，但为何总是难以升迁呢？"背后的答案可能是因为，你虽让公司对你的需求被满足了，但却没能让公司喜欢你。

再讲清楚些，什么叫作"让公司喜欢你"呢？

职场的喜欢有三种层次，包括"上对下的喜欢""下对上的喜欢"以及"平行的喜欢"。

上对下的喜欢，依赖的是"专业度""信任感"以及"综合能力评估"。

下对上的喜欢，同样需要"专业度""信任感"，但第三个因素也很重要，就是"心服口服的长官魅力"。

至于平行的喜欢，就比较复杂了。若彼此有竞争性质，那无论你如何做，都很难消解同事的敌意。但在此暂不论职场斗争这部分的心理纠葛，单论做人做事如何让人喜欢，那么答案同样是"专业度""信任感"，外加第三点"让人舒服的互动"。

聪明的读者有没有发现，有两个共通的元素是一旦做到，就可以让三方面都喜欢你的，那就是"专业度"和"信任感"。

当我们把自己当成一个品牌，比照商店里的"茶里王"或者其他热门品牌，就会发现：不论广告打得多大、请什么偶像明星代言，想要成为畅销商品，基本的要做好的两件事，还是"专业度"和"信任感"。

一旦这两点破功，那么原本再受欢迎的品牌，也会在一夕之间崩盘。知名的"胖达人面包事件"①，以及"茶饮连锁店风暴"②等，就是最佳例证。

但如同前面所说，一个职场资优生，明明学历、经历丰富，做事的专业度也够，且符合一定的工作信任"需求"，为何职场升迁之路仍然受挫呢？

这就是人际关系学的秘诀。

有句话说："做事难，做人更难。"

前面我们找出让三方都喜欢你的共同交集是"专业度"和

---

①胖达人面包标榜"纯天然、无添加"，但经卫生部门检查，在面包店厨房内找到了龙眼、枫糖、蓝莓等9种香精，为此胖达人负责人许庆祥、许雅钧、徐洵平等人均被起诉。
②因茶叶农药超标问题而导致的一系列茶饮企业食品安全风暴。

"信任感"，那不同的地方是什么呢？

让我们把三方不同的需求画成圆再来交叉比对：

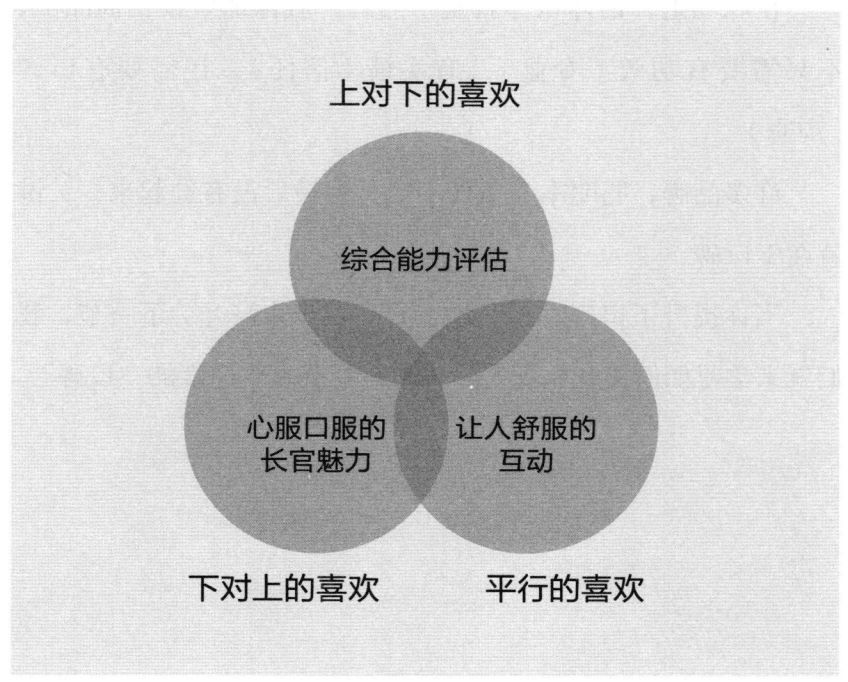

● 如何让上级觉得你可以把事情圆满完成，重点不在于你必须"十项全能"，而在于你能够让不同专业"整合"，而整合的关键是什么呢？是善于沟通、协调。

● 如何令下属觉得你可以让他们心服口服呢？重点不在于你能力很强，能力强已是必要条件了。更重要的是，你带兵必须带"心"，不论发布命令、分配工作，都能让下属"心服"。说到底，关键还是在于沟通。

● 如何让同事，包括同部门同事，以及跨部门同事都喜欢你呢？答案非常明显，还是善于沟通。

在职场上，请体认你就是个品牌，就像那些畅销商品般，不只需要有功效（专业），有实绩（信任），还需要有口碑（沟通）。

许多品牌，明明本身条件不错，但最后没有红起来，关键就在于口碑。

当你提升了口碑，在职场上必然可步步高升。下一节，我们就来学习如何提升职场人际关系，打造高欢迎度的"口碑"。

第 25 招

非你不可，
来自于非常努力扎根

请想象一个情境：

甲客户打电话给乙公司总经理，下月中准备办一场夏季新品发布会。这场活动攸关市场排名大洗牌，若能一战成名，甲客户将成为该产业的龙头，乙公司也将跟着水涨船高；但若背水一战仍没带来预期效果，甲客户将前途黯淡，乙公司也将损失一个客户。

此时总经理将秘书找进来，讨论这重大项目要交给谁负责。A 策划、B 策划都有优点，但想一想，还是不敢把重任交给他们；C 策划、D 策划都只是做跟班的人才，就更不用提了；仔细考虑，只有 E 策划可以担当重任。但，此时秘书补一句话进来：" E 策划请丧假，要一周后才回公司喔。"

总经理思考一下，仍做出决定："这个案子，仍然交给 E 策划。前面的事我先亲自处理，把相关数据先传给他，等他丧假结束一回来，就立刻接手。"

以上的案例，代表什么？它代表 E 策划的重要性已经到了

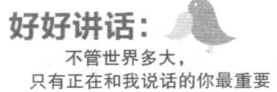

就算公司遇到紧要关头，就算 E 策划不在，公司仍宁愿等他回来，而不是将任务交给别人的程度。

这就是最高层级的受欢迎度，生活中也常有类似的例子：

男孩去当兵，女友就算身边有一箩筐的帅哥追求，在寂寞的夜晚，她还是情愿看着男孩的信解闷，也不会跟其他帅哥出游。

家里的马桶坏了，想找最信任的 A 水电行，但 A 水电行说安排已满，得再等两天才有空。我们虽无奈也只能等他两天，却不会因此跑去找 B 水电行。

这就是所谓的品牌效用。

品牌的效用有多大？当有两种以上的品牌可供选择时，就算 A 品牌缺货，买方也宁愿选择等待，而不愿选择换另一个品牌，这就是品牌效用。更有甚者，A 品牌表明因某种状况而暂时无法提供服务，或其服务要索取高价，甚至 A 品牌并没有说想提供服务给买方，但买方却无论如何也要巴着 A 品牌。最常见的例子，就是经常有热门艺人的演唱会，入场票明明已售完，却仍有许多人想方设法花大钱也要拿到一张票。

销售的最高境界就是，你不用主动去销售，人家反过来巴着你、希望你卖给他。这种情况少见吗？除了前述在影视圈的例子以外，在商场上，这种情形也绝非少见，例如每当 iPhone 推出新型号，都是未出先轰动，年复一年出现大众排队买新机的新闻。

个人品牌当然也可以有类似的效果，就像某偶像团体的成员来台北开演唱会，其粉丝团蜂拥进机场，就是最大的"受欢迎度"表现。我们若在一家公司或在某个人际圈子里，可以做到"人不用到现场，名字就已经被到处传颂"，那你肯定是个受欢迎的人。

根据我多年研究分析，要达到这种境界的人，绝对是已经"抓到心"的人，以下面三种层级来做说明。人与人间的关系，就供给需求面来说，有三个等级：

（1）抓到你的需求：这是最基本的喜欢，就好比去餐厅用餐，菜色符合口味，以后中午就可常来这家餐厅用餐。

（2）抓到你的喜好：这就是进阶版的喜欢，不只满足我的需求，并且还和我建立一种关系。例如我和这家餐厅老板见面会打招呼；例如两个条件一样好的帅哥来约我，我会选择自己更喜欢的那一位；再例如总经理交办任务，心思会多放一些在甲业务身上，等等。

以上两种，都只是人际关系间"一般层次"的受欢迎。但当碰到重大考验，例如公司有个案子急需找人负责；女孩孤单夜晚需要人陪伴，而"那个人"不在身边。那么，单单只有以上两种等级的关系，绝对是 Hold（支撑）不住的。

真正受欢迎的人，是达到第三个等级的人：

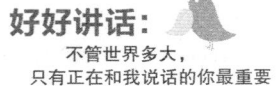

（3）抓到你的内心：这是很高的门槛，但一旦抓到，就算有再大的拉力，也扯不开对方对你的喜欢。好比有人买手机，就指定要 iPhone；或者女孩子就跟定你，永不变心。

这样的受欢迎度，要如何打造呢？这需要"基本的特质"，加上"用心的经营"。

本书第一章讲的各种个人魅力，包括做好三种表情，以及掌握第一印象等，这些都做到了，就拥有让你受欢迎的"基本特质"，之后要进一步经营办公室人际关系，就端看你是否用心了。

也许每个职场产业有别、环境不同，同事的个性也都各异，但共通的道理，就是要懂得"用心关怀别人的需求"，辅以经常性的赞美、鼓励、支持，而且最重要的是"持之以恒"。

经营个人品牌，最忌讳"临时抱佛脚"。所以我们切记，在职场，平常就要多对同事好一些，不要等出状况再想寻求同事的温暖；在家里，平常就要对老婆好一点，不要有事才突然灌迷汤，老婆不是笨蛋，她肯定立刻警觉地问你："说，是想跟我要钱，还是有什么鬼主意？干吗突然对我那么好！"

任何经得起考验的品牌，都不会是"突然成功"，别妄想靠一支创意广告，就让品牌站上枝头。我们的人际关系品牌也是如此，要想受欢迎，就必须日积月累建立好关系，到后来，你才可能成为那位"非你不可"的重要人物。

第 26 招

善施小惠，
缔结善缘

有个成语说："借花献佛。"现代社会上推广公益的文宣也说："顺手捐发票。"

其实，若能掌握这个"顺手"的奥妙，以及"借力使力"的真谛，我们也很容易让自己成为受欢迎的人。

职场，是最能够发挥借力使力的地方。通常我们的借力，来自于我们的职位。当过兵的人都知道，在部队里，担任采买、伙房或者行政文书的人很受欢迎，因为他们可以借职务之便，帮点小忙，例如外出采买时帮你买最新一期的杂志回来，等等。

在职场上也一样，一个掌握职位优势的人，也掌握了受欢迎的契机。通常在一家公司里，担任主管秘书的人，或在董事长办公室工作的人，同事们会想方设法接近他以打通关系。而在公司与公司间，通常担任采购业务的人，或担任经理秘书的人，也很容易成为对方想讨好的对象。

但成为"被讨好的人"，其实并不等同于成为"被喜欢的人"。

有的人误会了，以为别人对他好，是因为他本身很有魅力；更有人因而误判形势，自以为掌握到职位的某种影响力，而做出了逾越分寸的事。社会上许多的贪污案件就是这样发生的。

然而在职场上，能够善用职位优势做到借花献佛，只要在合理合法范围内，的确是可以增加人气的方法。

例如担任业务的小林，因为工作关系常跑公关公司或娱乐公司，于是他就会拿到一些小纪念品、一些公关票。在公司里，他都会将这些"战利品"和公司报备，老板也同意。这是他自己跑业务的附带收获，是对方送给他本人的，所以他自己收下没关系，不用缴回公司。他也就善用这些赠品，和同事拉近关系，或转送给重要客户。好比说，听说李董的小孩生日，他就借花献佛，送上某某歌星的签名 CD，这可是有钱也买不到的喔！因此也拉近和李董的关系。

可以增进职位影响力的，不只是送送纪念品这种"小惠"。更重要的影响力，来自于你的人脉。例如一个董事长秘书，也许她只是个月入两三万元、平常打打字做做记录、没有太多职场经验的小妹妹，但因为她有董事长这个"人脉"，于是她就水涨船高。

你的职位有人脉吗？肯定有，只看你懂不懂得善用而已。

同样是业务，有的人就只是就事论事，有卖有成交，没卖再联络；但有的人心态却是"四海之内皆朋友，买卖不成仁义在"，于是他朋友越来越多，也许真正和他成交生意的客户，只占他朋友圈的十分之一，但他却累积很多人脉，虽说大部分是点头之交，但可别小看这"点头之交"。在会议中，老板问，公司现在有新产品，想要找和艺术品相关产业的老板，这时别人都一脸茫然，只有你翻开厚厚的名片本，里头就有几位符合老板的要求。

当在任何时刻，人家碰到事情都会想到你时，你就是个受欢迎的人。

"喂！小陈，你有没有认识懂装潢的人啊？"

"小陈，我要去台东出差，你在台东有没有什么企业界的朋友啊？"

许多人因为职务关系，例如担任记者、担任公关人员或者担任走遍南北的业务代表，往往到后来，他们的商机是一般人的好几倍，主要原因就在于懂得"借力"。一个只见过一面的人，也算是朋友，放入名片本，一旦有特殊状况，一通电话、一个小小的提醒："哈啰！我们 × 年 × 月曾见过面。"只要有生意可谈，对方通常不会拒绝，然后把类似这样的资源，在适当的时候拿出来用。

所谓的万事通先生，也经常是某种程度上很受欢迎的人，

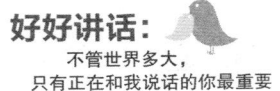

就是因为身上有很多可借来献佛的"花"。

另一种常见增加受欢迎度的方法，也是属于行"小惠"的方式，就是"顺便"帮同事忙。所谓"顺便"，就是真的"顺便"，而不是刻意。例如有人为了追女孩子，明明自己家住东区，而女孩住西区，他却硬说自己可以"顺便"载她回家，这就不属于本篇的讨论范围。

真正的顺便，例如我等一下要进董事长办公室做报告，你有文件我顺便帮你送进去；或我等一下要去 A 公司做业务拜访，可以顺便帮你问问上次那件案子的进度如何。这些都是既做顺水人情、不影响自己时间，又可让别人对你有好感的行为。

办公室里一些懂得做人的人，通常做事时会喊一声，问有没有人需要"顺便"帮忙。最常见的，中午出去吃饭，问同事有没有人需要代买便当或饮料回来。一个贴心的同事，会在办公室里受欢迎。

但更高的境界，就是在商场上的"顺便"。我有一个业务朋友姓张，他有个优点，不但待人接物总是笑笑的，而且每当拜访客户时，总会"顺便"问一句："有什么事是我可以顺便帮您做到的？"有一回，他去拜访老客户李董，谈完生意后，听李董提到有亲戚生病，我那张姓朋友立刻说，"我认识几位台大名医，若不介意，我可以把他们的信息提供给您。"

　　就是因为经常这样"顺手施小惠"，我那张姓朋友步步高升，已经做到他所属集团的业务副经理了。

　　而越是居于高位的人，其实越容易展现施小惠的功力。

　　例如某个同事，家中遇到法律问题，正愁眉不展，这时老板主动帮他介绍律师，提供义务咨询。那个同事立刻感激涕零，但其实对老板来说，那个律师是他从小打打闹闹一起长大的好朋友，他只略施小惠，就换得同事长久的爱戴。

　　我最欣赏的企业家之一严长寿先生，也曾在他的著作《总裁狮子心》里提到，他年轻时就懂得顺手帮人。例如他还在当小弟的时候，有一次总经理秘书晚上七点半和男友有约会，但八点有个传真要进来，她正不知如何是好，这时严长寿主动跟她说："没关系，你去约会，传真我帮你收就好。"

　　就是因为从年轻时，就愿意帮人家做许多"不是他分内的事"，逐渐累积他人的信任，后来他成功晋升到总裁。

第 27 招

向上管理
要到位！

大家都知道，物理学上"作用力"与"反作用力"的关联性，当我们施加一个力在墙壁上，在施力的同时，墙壁也会回馈给我们一个反作用力。人际关系也是一样，当我们施力的同时，也会得到某种回馈。当我们给予错误的力时，回来的可能就不是我们原本期待的力。好比说，你在家里，拿起电吉他接上音箱用心地弹唱一首自以为很好听的歌曲，要送给邻居，但你得到的回馈是邻居的抗议以及报警。在职场上，我们送出一道力，也要评估不同的力所带来的影响。

许多人际关系不好的人，是因为犯了一种搞不清状况的错。在职场上，人与人间的关系，至少有"向上管理""向下管理"以及"平行互动"这三种基本关系。此外，依据不同的职务性质，还有"对内管理""对外管理"等。适用于某种互动关系的特性，转到另一种人际互动，有可能就不适用。

就以职场上最常听到的名词之一"拍马屁"来说，这当然是个负面的名词。但其实同样的事，你若应用得当，可以是合宜得体的赞美；应用不当，就变成别人眼中的拍马屁了。然而，就算是拍马屁，如果能让上级长官高兴，那至少完成一半任务，至于同事讪笑，就无法兼顾了。但最怕的是，这个马屁拍了，上面没有高兴，同事又瞧不起你，那就是大大失策了。

这是一个真实的案例：

在会议场合里，狗腿派的老吴，总是不分轻重地为老板喝彩。平常也就罢了，但某次公司刚损失一笔订单，老板心情不太好，在召开业务主管会议时，当老板发表完感言，身为某产品主任的老吴，又习惯性地拍老板马屁，说老板的政策高瞻远瞩、令人敬佩，此时老板对大家宣布："感谢大家今天到场与会，关于今后公司的发展方向，要请大家讨论。在此先做个整体施政总结，由于吴主任似乎对公司政策非常明了，现在就请他站起来，先和大家介绍过往的施政方向，然后大家再讨论。"

老吴站起来支支吾吾说不出半句话，老板当场气到发飙："你不是说我的政策'高瞻远瞩'，怎么现在又说不出政策是什么？公司难道竟养出像你这样只会拍马屁却一点也不务实的人吗？"当场老吴尴尬到想找个地洞钻进去。

有一回，在一个演讲场合，也有类似情形出现。

当讲师做完演讲，在会后餐叙时，有个朋友大声称赞讲师"言之有物"，非常"发人深省"。这个讲师，是学术界出身，可能也比较死脑筋，他当场就当着几十个宾客的面问这位朋友："请问是哪段话让你觉得发人深省？"

还好这位朋友反应敏捷，他其实并没那么专心听讲师演讲，但以前有看过讲师的书，再加上对于这场演讲有一些零星的印象，当场硬掰出一些话，说讲师讲的哪些理念他很喜欢等等，化解了当时的危机。

如果，当时他讲不出个所以然来，那相信在场所有人都会很尴尬。

所以我们对于"向上管理""向下管理"和其他互动关系，绝对不可搞混。

当同事间彼此称赞，有时大家心知肚明这只是彼此互相吹捧，无伤大雅，没什么关系。但在对老板或高阶主管称赞时，有些老板对言不及义的话可是很反感的。我就曾认识某个企业家，他因为某个部属的胡乱赞美，对那人心生反感，最后找个工作上的过失把他开除了。

而就算你可以言之有物，真心想对老板或主管称赞，也要懂得看场合。

最忌讳是在公开场合直接赞美老板。表面上看来，好像这个场合人最多，你赞美老板时大家都听得见，但实际上，一方面同事们会冷眼旁观，觉得你是个马屁精，对你感到不屑，如果有小人或是和你处在竞争关系的同事，更会对你反感；另一方面老板也不喜欢听到这类没建设性、歌功颂德的话，他会心想："如果你以为这样就可以讨好我，你也未免把我看太低了吧！"

因此不能轻易称赞老板，唯一例外，就是表扬场合。也因为这种场合不多，所以非常难得，当公司表扬你时，你"一定"要把功劳归给老板。

那除了这样的场合外，如何做到"向上管理"式的赞美呢？

我觉得，若要赞美，反倒是在比较私下，或者仅剩核心人物在的时候再赞美较好。

以我的朋友小陈为例，有一回他的老板到地方分公司进行全体员工演说，会后在餐厅吃午餐，老板和分公司经理以及小陈等坐一桌，此时，以聊天的形式，小陈说出他的赞美。他说："老板，我是真的很佩服你耶！你演讲有种特殊的魅力。"说到此，小陈还故意停顿一下，抓着头表示他正在想如何表达，然后他才说："明明我自己就是做业务的，但为何老板你平常不是做业务的，却可以把业务的重点讲得那么传神？小的真是百思不解。"

一席话下来，听得同桌的老板和分公司经理哈哈大笑，在笑声中，老板对小陈的好感也大大提升。

除了"向上管理"，在许多场合，例如和心仪的大师见面时，赞美的功力也很重要。我有个朋友，他很崇拜某位心灵大师，但这位大师脾气也怪，很有个性，她对不喜欢的事，可以不怕得罪人地直接表示反对。有些爱慕者，本来想拍马屁，却碰了一鼻子灰。但我这位朋友，他为了做好赞美，真的有用心做功课。在某次聚会的场合里，他当着这位大师的面，吟诵出她的一首心灵诗作，边说边赞赏这首诗曾带领他走出灰暗的幽谷。

这招奏效了，打动那位心灵大师的心房，他们后来就成为好朋友。

大家都想要获得别人喜爱，大家都以为讲好听话就可以被人喜欢，但我要提醒大家，"正确的评语""到位的赞美"以及"适时的发言"，才能为你赢得好感。

第 28 招

赢得部属心，
才能驾驭业绩

前面说的，大部分将重点放在"下对上的赞美"或同辈间的赞美，重点在于让自己在老板或客户面前受欢迎。

但对于业务拓展来说，能够让部属们对你心服口服、甘心卖命，也非常重要。本书虽不是阐述领导力的书，但一个能够驾驭部属、带动组织战力的人，一定也是个懂得如何让自己受部属欢迎的人。

说起当主管的学问，很多初次担任主管者，犯了一个大忌，就是为了要和属下"打成一片"，结果身段放太低了，一旦部属犯错，也不敢责骂，往往变成工作自己扛，就算累死自己部属也不会感谢你，反倒拖累公司进度。

所以**要当一个受欢迎的主管，千万不要放低身段和部属搅和在一起**。

那么，主管如何受欢迎呢？身为主管，永远要督促部属、扮演黑脸的角色，想要受欢迎，简直是不可能的任务。

但这是错误的思维，作为一个主管，你要从部属那里得到的，不是朋友间打打闹闹、熟稔的欢迎，而是一种尊敬佩服、发自内心的欢迎。

领导学的范围很广，但最基础要做的是"赏罚分明"，而怎么赏怎么罚，就看出"赞美""安慰"和"教训"的功力。

前面曾说过，人际关系的培养，需要掌握时机。以长官和部属的互动来说，什么时候是最佳的赞美或安慰时机？什么时候又是最佳的教训时机呢？

答案是，当对方内心最脆弱时，正是最佳安慰时机；当对方内心最亢奋时，正是最佳教训时机；至于赞美，则是在任何时刻都要不吝赞美，搭配不同的安慰或教训，来取得一个平衡的效果。

举一个我朋友周经理提供的实际案例，周经理是一个业务团队的 Leader（领导者），旗下有十多名业务大将。他把他底下那批不同个性的"牛鬼蛇神"管理得服服帖帖，到底是怎么做到的呢？靠的就是在适当的时机，做正确的事。

好比某月，小明的业绩很差，在全团队垫底，依照一般的管理模式，经理应该把他叫来教训一顿。但周经理的做法不是这样，他反倒走到小明的身边，轻拍他的肩膀，无声地打气。小明不禁流下泪来，低声说："经理，我对不起您，这个月表现不好。"周经理说："小明，不要气馁，我知道你已经尽力了，这个月你家中发生一些事情，同仁们也都知道，你已经做得很好了，想想年轻的我，在你这年纪，表现还没你好呢！你一定要加油，我们整个团队都会支持你。"

猜猜下个月如何？小明经此激励，果然下个月业绩翻了两倍，令人刮目相看。

另一个场景是，在本月的月底表扬大会上，小王意气风发地从周经理手中领取本月冠军奖。周经理也在公开场合对小王多有赞誉，但他要小王会后去他房间喝酒。

当小王兴冲冲地走进周经理办公室后，周经理只简单勉励他几句，然后话锋一转，用很严肃的态度和小王说话："小王，恭喜你签到了十四万元的业绩，是我们的第一名。但我要请你冷静想想，如果今天是小陈在，他会怎样签？因为他去海外出差，把这个案子转给你，但试问，你有尽最大力吗？"

于是经过一番讨论提点，小王坦言，他急于争取客户，把价格报太低了。其实这个客户本就需要这产品，原价二十万元，客户是可以接受的。十四万元成交，其实对公司来讲，是种损失。

经过这样的教训，小王学到更多，但同时，周经理并没有在公开场合给他难看。这点让小王很感激，之后他果然更懂得如何签约。

"扬善于公堂，规过于私室"，这也是一个好主管应有的管理方式。

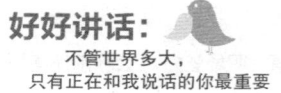

一个受欢迎的主管，不是处处讨好部属的主管，更不是一味迎合上级而踩着部属肩膀攀升的人。

一个受欢迎的主管，是懂得看时机的主管。

当一个案子，正在发展中，主管感到同事们还是不够努力，他就要发挥权威，对部属进行督促。

当一个案子，来到重要关头，主管感到同事们内心彷徨，有点欲振乏力，这时候要对部属进行激励。

当一个案子，终于完成了，但结果不尽如人意，此时再多的责备也无济于事，主管要善于内心喊话，安慰大家，感谢大家，并要求大家下次要成功。

当一个案子，完成并且取得重大成果，主管要给予大家适度的赞扬，让大家觉得辛劳没有白费，并且士气大振。

但当全体都兴高采烈时，主管也要是那个保持头脑清醒的人，知道这只是一次战斗，后面还有更多战斗；并针对不同的同事，适当地予以教训，予以提醒。

能够对站在低谷的人给予鼓励，对站在高峰的人予以建言。

当案子获得大大成功，主管一定要将功劳归给大家。

当案子不幸失利，主管也要一肩扛起，把失败咎责于己，并请同仁不要灰心丧志，而要继续努力。

我所知道的，那些以为当滥好人就可以赢得欢迎的主管，最后往往因为绩效不佳，失去了职位。

　　我所知道的，那些只会抢占部属功劳的主管，或许初时能够获得升迁，但最后总因失去信誉，而狼狈下台。

　　只有那些有肩膀，懂得为部属着想，也懂得和弟兄荣辱与共的主管，才能赢得长久的尊敬，成为真正受欢迎的主管。

第29招

领导者
要懂得认错

中国古代是君权至上的社会，所谓"天地君亲师"。皇帝做什么都是对的，他不用去讨好任何人，整个天下"本来"就是他的。

但即便是"天上地下唯我独尊"的皇帝，也不敢一味地我行我素，他们还是希望自己能"受到欢迎"。于是他们的做法是什么呢？这也值得现代人，特别是身为老板或中高阶主管的人参考。

皇帝让自己受欢迎的两大方法：一个是"勤政爱民"，另一个就是"作秀"。表现在外的包括"巡幸天下""泰山封禅""大赦天下""下诏罪己"等等。

"勤政爱民"是基本功，可惜古往今来的皇帝，能做到这点，做到让百姓满意的，不到三分之一。那么为了提升自己的受欢迎值，特别是碰到天灾人祸的时候，皇帝为了安抚人心，只有多安排些"作秀"活动。

对于现代企业来说，一个企业老板或高阶主管，真正要做到受欢迎，基本功还是"勤政爱民"。一些名列台湾地区顶尖企业家名单的名人，他们本身的管理风格各有不同，有的严厉到让部属听到他来就全身发抖；有的则是治军严谨，难以亲近。就算是以亲和力闻名的企业家，还是多少让一般职员们望而生畏、不敢造次，更别说是做朋友。

然而这些企业家们，不会因为自己很严格甚或很凶，就成为一个不受欢迎的人。相反的，这些企业家们，用企业成功营运的成绩单，让自己成为不仅是全台湾，也是全国全世界动见观瞻的重要人物。他们不用特别讨好别人，就已经是许多年轻人崇拜的偶像。

但那些成就大事业的，终究只是特例。我们身为普通企业的老板，或中高阶主管，如何透过应对进退让自己受欢迎呢？除了本书前面所讲的各种话术及应对态度外，对于主管级的人，我特别要强调"严于律己，宽以待人"的重要性。

古时候的皇帝，当碰到天灾人祸或重大军事失败时，会"下诏罪己"，尽管大家都知道他在作秀，但至少身为皇帝，他仍愿意这样做，也算有诚意。

现代主管们也需经常"下诏罪己"，但不能是作秀，否则日久见人心，一旦部属发现你总是言行不一，那你还是会被打回"不受欢迎"的原形。

以我本人来说，我和部属私底下都是好朋友，相处很好；

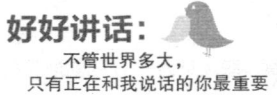

我也拥有很多学生、粉丝，以及得到社会上一定的认可。但在工作上，一旦"就事论事"，我绝对是一丝不苟、要求严格。

所谓很严格，就是当事情进行中，我会严格要求做事要达到一定的标准，给客户的产品，一定要做到百分百用心。再怎么熟的朋友、再怎样得我信任的部属，若在工作流程或工作态度上，有哪一点不到位，我绝对会不假辞色、当面纠正。

然而，世事无绝对，就算走在平坦的马路上，也可能不小心脚步踏差而跌倒。一旦发生状况，我的原则绝对是："严于律己，宽以待人。"

当大家都很努力了，最后结果却仍是失望的，此时责怪同事，是没有什么意义的。出现这样的情况，我都会告诉大家，是我领导无方，是我判断不够精准，是我没有把整个案子管控好。无论如何，美好的战役已经打过了，大家都辛苦了也尽力了，回去休息一下，给自己一个赞许，等待明天，我们再接再厉。

请各位记住：

成功的人很容易原谅别人，不容易原谅自己；

失败的人很容易原谅自己，不容易原谅别人。

这两句也可以改成：

受欢迎的人很容易原谅别人，不容易原谅自己；

不受欢迎的人很容易原谅自己，不容易原谅别人。

我们都曾在电视上看到那种令人讨厌的主管嘴脸。事实上，一般年轻人在尚未入社会前，对所谓主管的印象，就因为经常受到电视刻画的角色影响，觉得主管总是坏人。

主管在扮演怎样的坏人呢？

当大家忙得晕头转向时，主管只会自顾自地打电话，和上级报告"自己"正在努力中；一旦部属们熬夜赶工把事情顺利完成，主管除了虚应故事地称赞一下外，其他的时间都用在和公司呈报"自己"的功劳。

相反的，当公司营运碰到状况，案子没拿到或者被客户指责，这时，坏蛋主管第一件事就是找承办人来骂，要他们扛下失败的责任。

所以一个主管的形象，总是不受欢迎的。

因此我常对自己的部属告诫，或在对主管级学员演讲时告诉他们：

今天你做的每一件事，不只影响当下，更影响未来。当你在发生状况的当下，只想卸责，那么你得到的不会只是当下的"无责"，还会是全体员工对你的不齿，如果此后员工都不想尽心尽力为你做事，那你不就变成得到当下，却失去未来吗？

相反的，在发生状况后，你勇敢地把责任全揽在身上，好的老板不会因此责怪你，因为他知道这是非战之罪，而同时间你的部属都对你感到尊敬，那种效果是持续长远的。所谓成为一个受欢迎的主管，就是表现在这样的地方，而不是表现在下班后经常请同事喝酒这种小惠上。若你本身就是老板，那么当你愿意放下身段"下诏罪己"、率先认错，也会赢得公司员工的向心力。

所谓"寒蝉效应"正适用于此，一个只懂一味指责，却不肯认错的主管，以后人家就不敢帮你做事。

假如你是有功无赏、有过必罚的主管，大家逃得远远的都来不及了，你又如何会受到爱戴？

第 30 招

只有"受欢迎"和"不受欢迎"，没有中间值

人际关系很重要，并且没有什么模糊地带。

有没有注意到，在商品市场上，有很受欢迎的品牌，然后是一大堆"普通"品牌。但它很少呈平均分布，例如 A 商品业绩 10 分、B 商品业绩 9 分……一路排到 K 商品 1 分，等等。这个市场的排名，往往是 A 商品 10 分、B 商品 10 分，然后 C 商品 3 分、D 商品 1 分……业界有句话，"只有第一名，没有第二名"，这句话有些极端，但放宽标准来看，即使有前五名，第六名和最后一名其实都是一样的。这话听来残酷，但却是社会的现实。

人际关系学也是如此。成功的人和失败的人，有两个相对应的词语：一个是"左右逢源"，相对的就是"处处碰壁"。

这个社会真的是很现实，正向和反向，都是走极端的。一个处处碰壁的人，经常会碰上"屋漏偏逢连夜雨"，就好像水往低处流，当你处在人际关系的低点，什么倒霉事全都会流向你，不会说张三帮你分一点，李四帮你分一点。

　　这也告诉我们，人际关系的养成是绝对的，不能说今天做一些就好，下次再来补上。只做一半的人际关系，等于没做。就好像你对着一个人微笑，不是真心诚意，只是虚应故事假笑，那效果跟不笑是差不多的。

　　希望读者用心体会，因为人际关系将左右你的一生。即便有人继承庞大财富，一生不愁吃穿，但缺乏好的人际关系，变成一个不受欢迎的人，那么他再怎么有钱也不快乐。

　　我看过太多的例子，许多人在职场上不如意，不是因为工作能力差，而是因为被排挤。为何那么多同事，不排挤别人，却只排挤你呢？答案就是你没让自己成为"受欢迎的人"。

　　同样的道理，适用在职场、情场和人生各种人际圈里。我看过各式各样的人，决定生活是不是快乐的因素，财富其次、权位其次，真正居首的还是人际关系。

　　任何人都可以让自己成为一个受欢迎的人，甚至就连小孩子也知道如何让自己受欢迎，反倒当人们长大后，忘了自己本来讨人喜欢的"本能"了。

　　让自己受欢迎，有两大迷思，这也是让许多人"不屑"学人际学的主因。这两大迷思就是：要"外表好看的人"才受欢迎，以及要"口才好的人"才受欢迎。

　　其实这两大迷思，很容易就可打破，因为周遭多得是反面例证。你看一些成功的社会人士，或被奉为典范、去哪都受欢迎的名人，他们全部都是帅哥美女吗？恐怕不是吧！

　　也许有人反驳，不一定要俊男美女才受欢迎，但至少天生丽质的人有较大优势，不用学什么人际关系学，天生就受人喜欢。很多帅哥美女们，靠一张脸就可以享尽荣华富贵。

　　实际上我所知道的真相，绝对不是如此。如果有哪个所谓俊男美女，敢不爱惜羽毛，表现出骄傲不亲和的样子，在媒体发达的现代，有一点点负面新闻，就可以让他狼狈不堪，再美丽英俊，也三两下就被粉丝弃如敝屣。事实上，真正在舞台上光鲜亮丽的人，反而要比一般人更下功夫做好人际关系，所有交际应酬都比常人要做得辛苦。

　　毕竟，品牌的经营不易，奋斗十年才有个好名声，但一夕绯闻，就可以让个人品牌身败名裂。

　　当然，好的外表也一定会帮你加分，让你更受欢迎。但有句话说："天下没有丑女人，只有懒女人。"每个人都可以让外表更加吸引人，或透过外表形塑好的形象。五官长得不佳的人也可以担当执政大位，甚至也有丑男成为大明星。

　　再者，另一个迷思，以为口才决定一切，那些天生比较木讷，言语不那么犀利的，是不是就完蛋了，人生注定与胜利无缘？

　　事实上，我们看看身边周遭，我自己就认识好几个顶级业务员，他们年收入都是以千万元计的，但他们都是"口才高手"吗？不尽然。的确有几个朋友，具备"把死的说成活的"那种三寸不烂之舌；但我更多的朋友，是平日寡言，至少不是舌灿莲花型的说话高手；甚至也有身有残疾的朋友，他们讲话没办法很流利，但同样在他所处的行业受欢迎，成就事业。

在此强调，成为受欢迎的人，诚心比口才重要，体贴比表演重要。

而所有受欢迎的人士，不论你的本质是什么，一定要始终如一。很多知名企业家受欢迎的特质，十年前和十年后都是一样的。忠于本性，用自己的一套忠实呈现他们的人生，而所有那些受欢迎的人物，也一定具备与人交往不骄傲，和人互动重承诺等特质。

要让自己成为受欢迎的人，不能"明天再说"，也别以为，受欢迎这件事轮不到我。从今天起让自己受欢迎，只要保持你的优点，十年后也还是个受欢迎的人。就从此刻起，先学习和你的同事互动，看你受不受欢迎吧！

第 **5** 章
无往不利的业务营销力

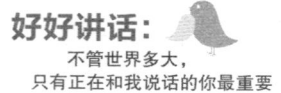
你在卖东西吗？人人都在卖东西。

或许你会说，"不，我是内勤人员，我不卖东西。"或者，"我是专业技术人员，我不卖东西。"但其实我们每个人都是业务员，每天都在推销东西给另一个人。

不一定要把商品推销给消费者才叫业务。上班族把办事能力推销给老板，换取薪水；歌手艺人把才艺推销给观众，换取粉丝支持；就连情人间也积极推销自己的爱情，换取对方爱的回报。

只要是业务，就一定要博得对方的喜欢。

你会把钱花在不喜欢的明星身上吗？你会去那家你觉得"老板看起来很讨厌"的店买东西吗？不会吧。同样的，你的对象为何要买你的东西？关键只有一个，那就是他必须喜欢"你"。

是的，请记住，我说的是他必须喜欢"你"，而不是说喜欢你"卖的产品"。

买卖有几种情况：

第一种：你卖的东西客户喜欢，但你不是客户喜欢的人。

结果——客户可以跟其他人买同样的东西。

第二种：你卖的东西客户不喜欢，客户对你也没特别喜欢。

结果——客户完全不买单。

第三种：你卖的东西客户不喜欢，但客户很喜欢你。

结果——客户可能这次不买东西，但下次购买你卖的其他的商品。

第四种：你卖的东西客户喜欢，并且客户也喜欢你。

结果——皆大欢喜，客户跟你买东西。

以上四种情况，虽是买卖的状况，但可别以为四种情况各占四分之一喔！并不是的。事实上，大部分时候，一开始客户会是处于"不喜欢"的状况，这也是人之常情，对于自己陌生的、新的事物，也许内心有好奇，但在购买的心态上一定是采取较保守的状态。所以这世界上才有"营销"这个名词，其目的就是要让客户由"不喜欢"变成"喜欢"。

在此，就可以看出一个人受人欢迎是多么重要了。

就算客户可能喜欢产品，但若不喜欢你也不会成交；但若客户喜欢你，那不论客户喜不喜欢产品，都有很高的成交概率。当客户原本不喜欢产品，你可以用沟通的方式，让他更了解产品，然后由不喜欢变喜欢；又或者客户仍不喜欢产品，但你可以和他建立友谊，以后仍可卖其他产品给他。

而若客户本来就对这产品有需求，加上你是对方觉得好相处、给对方留下好印象的人，那销售就更加没问题。

在此，读者可以将以上话语中的"产品"，转换成其他名词，包括"工作能力""爱情"等，一样都适用。

所以如何将"受人欢迎"的特质，应用到人际互动上，是人人都必须要知道的人生显学。

第 31 招

让我
站在你这边

我从事产品销售有二十来年历史了。

大家想象我做销售的画面是什么呢？是手上拿着产品型录，热忱认真地向消费者解说产品功能（就像每次逛商展，会有年轻的业务员，把你拉到摊位去做解说，想卖给你百科全书、英语学习课程……）？还是站在会议室前，用激光笔指着PPT，西装笔挺地和台下客户做简报（就像电视里常看到的那种台下高管云集的场合）？

其实，虽然以上场景都会出现，但却不是出现频率最高的。真正出现频率最高的画面是什么呢？

最常见的画面不是我在向客户介绍什么，正好相反，而是客户在向我倾吐些什么。

这是业务学的第一课，也是最重要的一课。

一个受欢迎的业务，要先懂得倾听，接着才是销售。

我的客户各式各样，依产品类别也有很大不同。在过往我销售儿童读物时，最大的客户群是家庭主妇，而以下是我常遇到的状况：

　　我去拜访一个家庭主妇，当在客厅坐下后，我的随身样品皮箱都还没打开，因为我做的第一件事，不是介绍产品，而是问候对方的家庭状况。

　　依据我的经验，所谓"家家有本难念的经"，几乎没有一个家庭主妇是快乐的。当她们觉得我是个愿意听她们讲话的对象时，一开始还会客套几句，接着毫无例外，就开始向我抱怨她的家庭状况。

　　与其说我是儿童读物推销员，不如说我是家庭主妇辅导师，一家又一家的，我听她们吐苦水。有的批评老公对这个家不负责，有的抗议婆婆对她不公平。而不论是骂老公或者指责婆婆，我的任务，就是在一旁，融入她的情境，听她诉苦，陪她唉声叹气，一小时、两小时这样听。

　　结果几乎大部分"谈话"结束的时候，对方都会买我的产品。我的儿童读物有多么优良？老实说，她们没那么在意，她们知道我的产品不会有问题，否则法律不会允许我销售。反正只要是读物，对孩子有帮助就好，细节也不用了解那么多。

　　就这样，在客户不是很了解我商品的情况下，我还是靠着"倾听"，把商品一个个卖出去。

　　有时候笑着跟我朋友说，这是种"同仇敌忾"销售法。我和客户站在同一立场骂老公，帮她发泄情绪，我的商品卖出去了，她的气也消了，标准的双赢。

有的人不以为然，认为这不是正统的销售法。但其实我要正色地说，这才是真正的销售。我不是指一定要陪着家庭主妇骂老公，这只是特例，而是指你永远要**"站在客户那一边"**。

请记得，客户最讨厌三种卖方：

第一种，把自己当老师（相对地把客户当什么都不懂的白痴）的卖方。

第二种，把自己当比较高尚的人（对比客户的比较落伍）的卖方。

第三种，把自己当旁观者（客户使用后效果怎样跟我无关，我只负责卖）的卖方。

在产业界，一个好的业务员都知道，要卖机器给工厂，就不要怕弄脏衣服，你越能够脏兮兮地躺在工厂里安装、解说机器，越可能把机器卖给对方；想卖医疗保健品给病人，也不要只穿着整洁西装，手握一堆数据和家属推销，当家属看到你连病人都不敢靠近，那他们也不想和你做交易。

一个受欢迎的人，绝对愿意放下身段。

正确的思维是：我不是属于卖方，为了卖东西给你才来这里；我是属于你这边，要用好东西改善你的生活。

而客户会喜欢"比他们自己还关心自己"的人。

当你和客户讲话时，一开头就用"对方语言"讲话，一定

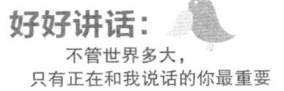
可以吸引对方注意，所以事先做功课非常重要。

例如要销售一套软件给某家公司，你去拜访老板时，可能一开头就抑扬顿挫地说出"贵公司上个月的营业额跌了百分之十，最近许多客户被甲公司抢走了，令人感到忧心"。

话说到这里，请注意，接着你不能再说了，再说就变成当老师，让人反感。

在你成功让客户感觉到你愿意"站在他们这一边"，并且你也真的不把自己当局外人，用心去了解他们后，接着，请将说话权完全移交给客户。

对方老板可能就开始跟你抱怨，现在生意难做啦！碰到什么研发困境啦！客户的喜好反复无常啦！……

你此时只要专心听，让客户自己陈述就好。

最后，老板还是会问："对了，你今天来是要介绍什么软件是吧？"

这时候，你只要顺势引导："就如同老板刚刚说的……"

接下来生意就很容易谈成。

还有一种情境：

客户和你抱怨："最近一批货，看起来色调怪怪的，影响我们商品卖相。"

你一边和客户道歉，一边在客户面前打电话回公司，劈头就痛骂："陈经理啊，你在搞什么啊！这次的货怎么回事？你让客户说我们'商品卖相不好'，这像话吗？"

客户看你站在他们那边，替他们出头骂自己公司，本来一肚子气，可能气也消了，甚至还回过头来"安慰"你："没关系啦，下次改善就好。"

其实你只是和陈经理在演一出戏，但演戏归演戏，让客户高兴就好。当你让客户觉得你站在他那边，你的业务一定无往不利。

第 32 招

赞美，赞美，
再赞美

有句话说："千穿万穿，马屁不穿。"

清·程晬《潜庵漫笔》有这么一个故事：世俗谓媚人为顶高帽子。尝有门生两人，初放外任，同谒老师者。老师谓："今世直道不行，逢人送顶高帽子，斯可矣！"其一人曰："老师之言不谬，今之世不喜高帽如老师者，有几人哉？"老师大喜。既出，顾同谒者曰："高帽已送出一顶矣！"

如同文中，老师在不知不觉中已经被戴了一顶高帽，内心"大喜"。一个善于赞美的人，在日常生活中，处处都可以把握住赞美的机会，让对方大喜。一个总是让客户"大喜"的人，还怕业绩不好吗？

有朋友对我说："现代人都很聪明的，你讲话一味赞美别人，对方只会觉得你是个浮夸不切实际的人吧！"

这里要和读者分享，所谓赞美，当然要言之有物。如何言之有物，这就要靠经验累积了。仅就初阶的赞美来说，就是"表面"赞美，根据字面意思解释，就是依照一个人的外表做赞美，例如："你今天这件衣服很漂亮""你看起来好年轻""你气色很好"等等，这些话就算对方知道你在客套，听在心里仍很受用，毕竟，人人都喜欢被赞美。

但"表面"赞美，也要拿捏分寸，特别是对方若是女性，你又和对方没那么熟，称赞对方"身材很好"，或在对方家人面前说她"很漂亮"，就有点不得体了。最好的称赞，还是要针对对方的穿着打扮及成就等，比较不会有争议。

而进阶的称赞，就需要靠多练习。一个好的进阶称赞，绝对比客套话似的称赞对方外表，更让对方内心受用。

举个例吧，这是我和儿子的真实互动实录。

有一次帮我儿子温习功课，和他对话时，想到一个历史题目，就顺口问我儿子："你知道，在历史上这个时代发生了一个什么战争？"老实说，我心里没有指望我儿子答得出来，因为这个问题比较深，学校课本也没教到。没想到我儿子竟然答出来了，令我喜出望外，我不禁称赞他："儿子啊，你真的好聪明喔！"没想到我儿子接下来的反应更让我惊讶，当时简直感动到快哭了。他竟回答我："也不看看谁是我爸爸！"

这是一种标准的"回馈式赞美"，是一种需要经验累积的进阶赞美。也就是说，当别人在赞美你时，你反倒顺着他的话，回过头来赞美他。

类似上面举的例子，当在公司里，你因为本月业绩获得

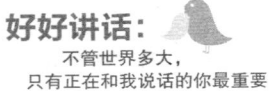
冠军接受表扬时，一定不要忘记运用这机会讨好长官，其方式就是透过"回馈式赞美"。当老板公开表扬称赞你的能力很强时，你一定要顺势回答："那是因为有陈老板当我的师父啊！所谓名师出高徒，我真的受教于老板很多。"

这时老板心里绝对很受用，一定内心"大喜"。

经常有机会参与各种表扬场合，看到很多受奖者在得意洋洋的时候，已经错失了可以"赞美别人"的机会。要知道同样的话，你在平常时候讲，效果不大；只有在颁奖场合，透过这种"借力使力"的方式，才能产生最大的赞美效益。

时常，我看着被颁奖人讲话，内心都想帮他讲出这句话："我今天能有这样的成就，真的要感谢我的教练，没有他就没有现在的我。"若受奖人没讲出这句话，我还真的在一旁替他扼腕。

像"回馈式赞美"这类的赞美，还有其他类型。我的习惯是，当别人送给我一记"赞美球"，我当下决不会只是接球，一定会立刻将赞美球抛回去。

例如当我演讲完，几个宾客走上前来赞美我。

宾客甲："黄老师，你今天的演讲真是太精彩了，让我收获良多。"

我就说："都要感谢你们，当我看到你们专注的眼神，以及听到热情的掌声，我的心都沸腾起来了，觉得充满活力。"

　　包括"回馈式赞美"，以及上述这样的反过来赞美"赞美你的人"，都是一种 Feedback（回馈）。人们都喜欢 Feedback，试想，当你赞美一个人，若对方只是笑笑点个头，你是不是内心感到有点空空的？但对方若有适当的 Feedback，你会感到内心很温暖。从此，你也会更喜欢这个人。

　　而不论是 Feedback 式赞美，或者面对面直接的赞美，还有一个重点，是不着痕迹地赞美他人，这也是需要练习的，例如前面举例的《潜庵漫笔》。在生活中，我们也要善用各种方式表达赞美，当你越能用不落俗套的方式赞美别人，别人对你印象越好。

　　例如，当大家都在称赞张小姐好漂亮，说来说去，也都是那几个形容词，张小姐也只能边听边干笑，说声谢谢。这时小李远远走来，一进门就说："刚刚我在楼下停车准备进公司时有点纳闷，为何前面的车子车速都变慢了？原来是路旁有美女经过。当时只看到衣服，没看清美女的脸庞，现在一进来才确认，那个美女就是张小姐啊！"

　　听到这样的称赞，张小姐当然心花怒放，比那些没创意的"你好漂亮"受用多了。

　　还有一种赞美也很高明，那就是"透过别人的赞美"。

　　"李先生，你很不错喔！老板老是在我面前夸你。"

　　"我听刚刚那个送快递的小弟说，这家公司那位签收的小姐好美。"

"你的文章真棒耶！连我们理事长看了都大大赞赏。"

信不信，当你听到这样"转一手"的称赞，心情会更愉快，因为若我直接赞美你，你心里多少会想："这只不过是客套。"但如果是一个没在你眼前的人称赞你，那感觉就不同了，绝对让你感到"大喜"。

一个总是让碰到的人"大喜"的人，肯定很受欢迎。

第 33 招

称赞要别开生面，
做足功课再上！

　　做生意，一定会碰到竞争。当对方是大客户时，所有竞争者也都一定知道，会适时地讨好对方，无论是送礼、请吃饭，透过种种机会表达善意，"无所不用其极"。至于公开称赞，那更是少不了的。

　　当人人都在称赞时，你若和别人讲一样的话，那就无法被区隔出来，业务力道就相对薄弱了。

　　要想在众多竞争者中脱颖而出，你的赞美一定既要有创意，又要符合需求。

　　如何做到这点呢？首先，若这个客户真的很重要，你一定要做足功课。

　　你的称赞才可以出奇制胜。

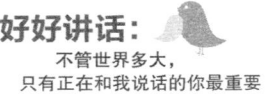

第一种方式：你的赞美要比别人更深入。

别家公司："赵董啊，您的经营策略真是年轻人的典范啊！佩服佩服！"

你："赵董，您的眼光真是高瞻远瞩。去年五月您就有先见之明，看准半导体发展趋势，策划并购了 D 公司，并且透过产业链纵向结合，在半导体红海市场中，硬是另辟蹊径，推出新观念的产品，开拓出新的蓝海。果然，如今您获得满堂彩。赵董，您真是企业家楷模啊！"

这时候，相信即便已经听了太多赞美的赵董，也不免对你刮目相看，因为相对于其他人的泛泛之赞，你的发言有内容许多。

第二种方式：你的赞美要从其他角度切入。

这是一个真实案例，我的一个业务朋友，如同其他竞争者般，去拜访那位赵董。在一个酒席上，我那位朋友，用很真诚的态度请教："请问赵董，您的这件西装外套是在哪买的？"赵董不知道这位业务为何这样问，就诚实告知："其实我的西装都是定做的，不是去哪买的。"我那位朋友回答："原来如此，我只是看赵董不论做什么事，都眼光独到，所以看到那么合身的西装，忍不住向您请教，希望没有太打扰您。"

几个月后，赵董有批订单要下，特助问他有没有中意要找哪家厂商，赵董其实也忘记有哪些厂商，但他就是清楚记得有一个年轻人曾问他"合身西装"的事。当其他曾拍他马屁的人都没给他留下印象时，我那位朋友就靠特殊的称赞方式，赢得那次的订单，也因此取得之后长期的合作。

以业务推广来说，客户只要愿意对你特别注意，就等于你的销售之路已经赢在起跑点了。

当然，这里也要强调，我们的赞美虽要与众不同，但也切记不要"标新立异"，因为赞美和无礼，有时只有一线之隔。有智慧的赞美和无知的赞美，同样只在一线间。

有回业务员小张去参加 A 公司的餐会，在会中和总经理敬酒，喜爱舞文弄墨的这位总经理在酒兴大发之际，吟诵了一首宋词，大家都高声叫好。此时小张为了讨好他，站起来大声说："久闻陈总经理生意头脑好，文章底子也不错，刚听总经理的这首作品，果然功力深厚，都可以媲美方文山的歌词了。"总经理原本对于小张这种无知的错误可以一笑置之，但当天已喝多的他直接吐槽小张："喂！小张啊，我说你也读点书好不好？这是北宋苏轼的词，什么我的作品？什么媲美方文山？"

这个脸丢大了。虽然之后见面大家都假装忘记这件事，但大家心里其实已经留下一个印象：小张等于无知。因为小张代表 B 公司，所以 B 公司也等于无知，不只此后都拿不到 A 公司订单，连其他公司的也拿不到了。

一次错误的赞美，让小张害了自己，也害惨了他的公司。

所以，若对一件事一知半解，或对事情状况不明白，那与其说错赞美，还不如保守点，用传统式的赞美。

例如你遇见一位教授，本想称赞他的学生得到文学奖，但其实你又不是百分百确定那是不是他的学生，那此时就不要冒这个险。

在商场上，有关客户的生意讯息、发展进度，若你确实掌握状况，可以作为赞美素材的，能拿出来用自是最好。但，只要不是那么确定的，就宁可"小心驶得万年船"，不要因为错误发言，给公司形象带来难以弥补的损害。

在传统观念里，碰到不同性别的对象时，赞美可以不同。例如对女性，多赞扬她的服装品位，赞扬她的气质风采；对男性则强调事业成就，以及经营典范。但，这已是传统观念，如今，女性在职场上已闯出一片天，特别是在商场上，若遇到女性，还是仅以外貌作为切入主题，有些女性企业家内心会感到不以为然，也可能会因此觉得赞美者很肤浅。

而不论对方性别或者职业为何，有两种赞美对象，也是很受欢迎的。

第一是赞美对方的家人。

第二是赞美对方的品位。

曾经有一次，几个业务朋友陪一位企业家大佬去打高尔夫球，沿路上大家都称赞这位大佬。这位企业家当天心情不那么好，也懒得回应这些老套的赞美，所以没什么互动，场面有些尴尬。但有一个精明的业务，事先有做些功课，知道大佬的公子刚考上大学，他立刻从这个角度切入，大赞这位大佬，不只事业成功，也教子有方。果然，他触动了这位大佬的最爱，接着整天大佬就心情大好，畅谈儿子的事，那位精明的业务之后也顺利取得大佬的订单。

至于称赞品位，若能事先做足功课，那么你称赞一个人的品位，绝对会比称赞一个人的外表，更让对方高兴。

曾经一群人去陈总裁办公室参观，大家都做了些"没营养"的赞美，只有小张慧眼独具，称赞陈总裁桌上那个砚台："真的是名品啊！"果然陈总裁龙心大悦，心想总算有识货的人来了。

谁因此最受欢迎，就不言而喻了。

第 34 招

成交的关键，
"心机"比"时机"更重要

做人需不需要讲心机？当然需要。或许因为某些文学作品或某些清朝电视剧的影响，我们习惯把"心机"当成负面用语，什么"机关用尽""白费心机"等，都是讽刺的话语。

但这里我要说，人与人交流，一定要用"心机"，但我们是将心机运用在好的地方。当我们说一个人"心机重"，代表他"城府很深"，但若是人与人交往"心无城府"，是很难建立人际关系的，因为那代表你根本就"不用心"。

好比说，好友生日到了，你表面上若无其事，其实私下正与朋友策划一场生日惊喜 Party（派对），这样算不算"心机"？当然算。在病房里，医师说这病人情况可能不乐观，为了不让病人失去求生意志，家属选择暂时不把实情告诉他，这样算不算"心机"？它也算吧。

我所认识的一些卓越成功人士，他们都很善用"心机"。

我的百万业务老友，他成为业务高手的秘诀之一，就是善于记住对方的一些小事，心底留一份"心机"。好比说甲客户的儿子正在找百货业相关的工作，他留一份心，在适当的时机，告诉甲客户他有朋友在百货业当主管，可以引荐；或者乙客户谈话间不经意提到，两个月后是自己和老伴结婚二十周年纪念，我朋友起初不露声色，到乙客户结婚纪念日的前一天，他突然送给客户大礼，恭贺他家庭幸福。可想而知，客户们都很喜欢我朋友，还主动介绍新客户给他。就是这样的有"心机"，造就了他的百万业绩，同时拥有许多朋友，非常受人欢迎。

人与人之间的互动，不论是同事情谊、客户关系，或者是夫妻感情，总是要时时留着一份心。

这份心若和时机结合，就更加无往不利。

例如甲和乙互动，乙因细故和甲吵架，若是一般情况，可能甲和乙就闹翻了，留下嫌隙，甚至将来成为敌人。但甲是个"用心"的人，他之前已听闻乙和老婆冷战超过一周，甚至离婚传闻甚嚣尘上，也注意到乙工作情绪不稳。在乙找他吵架的当下，他选择宽容，并善意地问乙，需不需要帮忙多分担一些工作，让他可以更专心处理家务。

又过了一星期，乙的家务事总算有些正面的发展，乙也心境平和了。这时候"时机"到了，甲再来和乙互动，乙记起自己曾对甲不礼貌，但甲却大人大量不多计较，他于是感怀在心，从此对甲更加尊敬，他们之间的合作也更加密切。

因为守着一份心机，就可以察觉"时机对不对"，而做出正确的反应。

我经常拜访客户，也非常善于察言观色。有时和客户聊新的产品，在讲的过程中，发现对方只是礼貌性地听我讲，但完全没发问，大部分时间，他都在讲自己的事。

这时我就知道，"时机不对，多说无益"，我决不会死缠烂打地用尽营销手段要把东西卖出去，而是选择暂时把事情搁在一边。我把我的心思，全部用在听对方讲话，既然已抱定"今天我不是来卖你东西"的心态，而是反过来听对方的需求，就更能专心融入和客户交谈的境界，客户也一定感受得到我的用心。

经常的情况是，虽然"今天"我没做成生意，但"改天"就做成了。

在时机未到的时候，要培养感情；等时机到了，生意就自然会来。

所谓"买卖不成仁义在"，这句话大家耳熟能详，可惜大多数人都只把这句话当做自我安慰的用语。实际上，懂人际关系学的人都知道，买卖没有永远不成的道理，只要时机到，当初的"仁义"就派上用场了。

时机真的很重要，经常有一种人被说是白目，这种人最大的问题，就是说话不会看时机，不会看场合，或者不会看人。

所谓"天时、地利、人和"，谈生意，"天时"很重要。例如媒体刚发出 SARS（非典型肺炎）警报，此时你去拜访客户谈口罩销售就很适合；重大灾难发生，人们余悸犹存，此时若和客户聊意外险，也会得到较多关注。相反的，在食品安全风暴正烈时，你去谈饮料加盟；在对方家有丧事时，你去谈度假方案，都是"天时"不对。

当和客户在某家公司初次见面，对方对你的产品有兴趣，你也不要因此喜形于色，想"打蛇随棍上"，急着推广商品。你要体谅对方还在上班，谈事情不方便，此时该和他相约下班后吃饭，届时再聊商品。

彼时不能谈，因为"地利"不对。这是他的办公室，不是他的私人场域。

有一次当我去拜访客户时，不巧碰上对方夫妻正在吵架，即便客户已和你约好见面，不得不谈生意，你也要懂得"识时务者为俊杰"。在谈话时只轻轻带过商品，在安抚客户"家和万事兴"后，另约时间再谈。

彼时不能谈，因为"人和"不对。就算你谈，对方也没有心思听。

一个受欢迎的人，就是讲话总能得体，不会让人见了就讨厌的人，即便作为"最被反感职业第一名"的推销员，也可以做到让人心甘情愿捧场支持。

其受欢迎的重点，就是讲话懂得分辨"天时、地利、人和"，综合来说，就是懂得"看时机"。

唯有多用一份心的人，才能抓准时机，任何时候应对进退都得体。

下回和人谈话，不论是想推销商品，还是想和老板要求加薪，甚至想和女孩约会，道理都是一样的。

先不要把心思放在自己想如何如何，而是多花一份心机在评估整体时势上，再做下一步判断。善用心机，让你处处有生机。

第 35 招

谈话的
"刨冰"哲学

亲爱的读者，试着想想，你的人生到今天为止的任何重大转变，是不是都曾来自于"一场谈话"呢？

你现在在企业担任部门主管，人生得意。但这样的发展，是否曾来自于当初一场"成功的面谈"？

你家有娇妻，养育两个可爱的孩子。这个幸福的家庭，回溯故事的开端，通常也是因为你和一个原本陌生的女孩，进行了一次"缔结终身的交流"？

为何当初某些"关键时刻"的成功模式，不能普遍适用在所有场合呢？因为大部分的时候，人们不够用心。如果人人把每次见面都当作是"寻找重要工作的面试"或者"影响一辈子的告白"，那或许，人与人间的关系会更加美好。

当然，这里不是要你时时都这么超级用心，因为这会带来一个反效果，那就是人人会变得太过"慎重"、太过"紧张"，反而影响人与人的沟通。

但这里要强调的是：

第一，谈话非常重要（这里也包括手语交谈），要有沟通，才会有新的发展。一些人际关系差的人，也就是不常沟通的人，人生发展就会有局限。

第二，谈话要"用心"。这在前面讲过很多，但我还是要再强调一次，因为"心不在焉""言不由衷"的谈话，对方一定感受得到。

第三，谈话一定要"包装"。请注意，包装不代表虚假，包装只是因应不同的对象，所做的"贴心"回应。

想象你是刨冰店老板，你的刨冰很受赞誉。每个客人要点的东西不同，你会视情况添加不同的料，但端出来的，依然是一盘盘外表纯白、内里用料饱实的冰品。

人与人间的交谈，也是如此。

当我们讲话时，心里一定要有个底，但不要把自己绑死。就好像刨冰一样，我们有干净卫生的清凉冰，搭配独家甜汁，然而到此就好，下一步要配合客人需求调整。

我曾经见证过几次失败的简报。身为评审，我看到太多的厂商过于紧张，他们的简报，内容是百分百完整，看起来是什么都顾到了，但缺点就是完全不留空间给客户。就好像是端一盘冰给客户，都已经帮客户设定好是四果冰，一旦客户不要四果冰，就整盘浪费。我看到的情况是，不管厂商的简报做得多么认真，只要客户一个问题改变了简报的规则，对方整个团队就愣在那里，或者变得胡言乱语乱做承诺，把简报变得一团糟，结果当然是铩羽而归。

因此在谈话时，脑袋里要有基本的蓝图，但不要绑住自己的约定。当然，这里指的是"有目的"的谈话，包含谈生意、追求爱情、谈工作计划等，而不是指朋友间的聊天。

当面对不同对象，要有一套应变的方案。

所谓"见人说人话，见鬼说鬼话"，我特别强调，不是要你讲话不真诚，而是要懂得随机应变，但变化的同时，内心的承诺并没有改变。

在此用一个笑话做例子：

当我们说，"有一个大学生下海做应召女郎"，人们摇头叹息，"这世道真的沦落了，连大学生都如此伤风败俗"；

当我们改说，"有一个应召女郎跑去念大学"，人们不禁赞许，"有志气，虽然命运坎坷，却仍愿意积极上进"。

仔细想想，这不是同一件事吗？根本就是同一个大学生、同一个应召女郎，只是讲话包装成不同说法，结果就大不相同。

人与人交流，也一定要懂得包装。

幼教老师们都知道，和孩子讲述一个道理，最好的方式是包装成故事，透过床边故事让孩子听得津津有味，也可深入他们内心；同样的道理，若要讲给青少年听，又要改变包装了，要结合时下的网络社群用语，加上一些流行文化内容，这样对方才听得进去。

善于包装的人，绝对是受欢迎的人。

明明是加重员工的工作负担，但老板交办事情时，会包装成"让你多元化全方位发展，实现梦想的自我事业"；明明家里旧的电器还可以用，销售员要推销东西给你时，不会一味强调新产品多好，而会包装成"改变整个家的氛围，让你整个生活形态大升级"；就连约女孩子出门，明明是自己想找美女为伴，却包装成"我知道你最近念书念得很闷，体谅你的辛劳，我特别帮你搜寻到一个放松的好方法，今晚让我陪你去看电影吧！"

什么事都要包装。

言语要包装，不要太直白。

企图心要包装，要改成为对方着想。

商业色彩要包装，要装点成实用生活的梦境。

唯一不能包装的是不良的用心。

若用心不良，那再美的言语，终究敌不过现实的戳破。

归根究底，好的话语，基于一个好的信念，就好比叫一碗刨冰，不论是杧果冰、红豆冰、牛奶冰，统统都好吃。

第 36 招

让理亏者扭转印象的
谈判术

谈判，听起来很商业，很有敌意，很不和平。有人觉得，谈判这样的事，不常出现在我的生活里。

其实，在一个环境里，只要有超过一个人，就需要谈判。最常见的，是妈妈和小孩的互动。

妈妈："小明，还不赶快做功课去，把电视关掉。"

小明："妈，再让我看半个小时就好。"

妈妈："不行，功课没做完，看什么电视？关掉！"

小明："妈，再让我看半小时，我保证功课会好好做，也会考前三名。"

妈妈："不管，你再看十分钟，就给我关掉。"

小明："这几天我有帮你洗碗，你还说我好乖的，我真的会做功课啦！"

妈妈："好啦好啦！半小时后一定要关电视做功课喔！"

这就是一个标准的谈判，立场不同的两个人，用尽各种方法，威胁、讨好、交换条件，等等，让对方改变立场，或者至

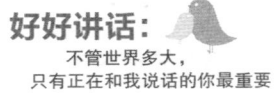

少退一步。这样的谈判，不只发生在外交场合、商务场合，更常发生在你我生活周遭。

不论是在大场面或只是小两口间的对话，谈判有一个基本原则，就是要抓住"如何一开口就让人喜欢你"，这点很重要。如果对方一开始就对你抱持敌意，那谈判就很难进行下去，所以我们看报纸上有关谈判的新闻，经常会出现四个字：释出善意。

也就是说，谈判虽然看似和"受欢迎"没关系，但其实有很大关系。

所谓"知己知彼，百战不殆"，一个好的谈判者，在上场前，绝对要先认清两个重要信息：

第一，要分清楚，时间站在谁那边；

第二，你的处境是谁强谁弱？

时间站在哪边，谁就比较占优势。一个已经急到火烧屁股的人，绝对没空和你谈"老板，再便宜一些啦！""这花色我不满意，可以用更高一点的质量交易吗？"有时间压力的人没办法这样要求，一定是没时间压力的人说了算。

处境谁强谁弱，那更不待言，所谓"人在屋檐下，不得不低头"。

但一个好的谈判者，就是明明居于劣势，还是可以靠谈判，尽可能争取到更多对自己有利的筹码。

在谈判时，一个明显理亏的人该如何应对呢？

好比说，丈夫和同事喝酒晚归，面对半夜仍守在家门口气冲冲的妻子，再怎样，丈夫也理亏了，这个局，似乎只能是一面倒的等挨骂。

或者商场上，A 工厂答应今天交货给 B 公司，但过了时间货还没赶出来，B 公司老板已经兵临城下、兴师问罪了。那 A 工厂老板，要如何从劣势中找出生机？这可关系着未来还有没有订单，以及商场信誉啊！

"兵来将挡，水来土掩"，理亏者面对咄咄逼人的谈判对方，标准战略就是设法"化暴戾为祥和"。

以下是 A 工厂张老板的话术：

"啊，陈董事长，对于您刚刚的指责，我感到相当惭愧，我觉得之所以没办法完成您交代的任务，其实不能够怪您给我这些压力，也不能怪现在在前线作战的业务，只是因为上架时间这么短。这些业务我要给他们打八十分，但是我给我自己打不及格。"

从他的话里：

首先，一定要认错，这是理亏谈判者绝对要做到的；

第二，设法切割自己和公司，把错误全揽在自己身上，但公司的能力不能因此被打折；

第三，在切割后，再解释原因，就可以让对方重新聚焦；

第四，道歉再道歉，依据你新设的定义，让谈判转移焦点。

继续上面的例子，B公司气冲冲地来找A工厂。

而A工厂张老板成功地将焦点转移到自己后，才进一步解释原因："因为我之前评估太过乐观，以致信用跳票，所以您的生气是合理的；可是他们在这么仓促的时间内，交出这个成绩单，我是很满意的。所以我接受您对我的不满意，因为我准备得不够充分，就贸然答应了您，这是我必须和您一再道歉的。"

最后的结果是，B公司原谅张老板，因为他很有诚意不断道歉，也解释了理由；但是在过程中，张老板也很技巧性地提升公司的形象。他让B公司老板回去时，带着一个印象："A工厂的员工是很优秀的。"

后来，A工厂在晚了一天后，还是交货了。往后，这两家公司也继续往来，但B公司却已产生一个制式印象：A工厂人员素质不错。

这就是理亏者谈判的高招，他先让自己被对方"接受"，靠着诚意的道歉，把对方的生气集中到自己身上；然后，不知不觉中奉送给对方其他有利于自己的条件。

这其实不简单，因为一般理亏者的反应有两种：

第一种就是理亏还强辩。例如工厂老板会说："是你们设的期限不合理，我们才交不出来。"或者"我们已经尽力了，你们再逼也没用。"这种谈判的结果，只会让双方结下梁子，往后生意做不成。

第二种就是低着头等挨骂。反正错就错了，我又能怎样？就让你骂个爽吧！反正你也不可能临时换别家生产，让你骂一两小时也不会少块肉。这种人有时候会让另一方更生气，讲白点就是在要赖。当谈判的一方采取要赖法，等于贬低自己，这是最要不得的方式。

所谓"吃亏就是占便宜"，理亏者若能善于谈判，仍然能创造新生机。

第 37 招

处于弱势的
转机哲学

　　这里再来多谈谈，一个处于劣势者该如何谈判。

　　因为，唯有自己越处于劣势，才越能凸显功力，如何善用个人魅力，翻转危机为良机！

　　在我辅导过的案例中，最常见的劣势谈判方代表，就是客服中心了。

　　大家可以想想，顾客会没事打电话去客服中心，讲好话称赞对方声音好听吗？不会嘛！一般人会打电话去客服，十个有九个是内心带着怨气的。客服中心服务人员，几乎永远都会是理亏者，天天接听骂人的电话。

　　一个客诉服务人员的话术是需要训练的。他们都已被告知，来电者都是心中怀抱一把火。客服人员第一守则，绝对不要"火上加油"。

　　举一些错误示范，例如碰到生气的人，不要说："先生你可以不要那么激动吗？"（我很生气，你还要我不激动？）也不要说："你有必要打来讲这么大声吗？"（我不爽，我就是要大声啊，你怎样？）

受过专业训练的客服人员，决不会说出以上的话。

相反的，面对火气旺盛的对方，客服人员讲话时会不断设法降火。

● 先认错，但是把错误定位清楚。"对不起，害你这么生气，是我们公司不对。"（没说是因为产品出问题，所以我们错；而是公司让你生气，所以我们错。）

● 表现同理心。"怪不得你那么生气，如果我是你，深夜手机突然不能用了，也会很生气。"（此时，客人气焰也小了，因为你都站在他那边了，更何况，他知道你只是员工，又不是公司负责人。）

● 好好讲。"所以李先生，你可不可以跟我描述一下你的状况呢？"（经过前面的灭火程序，且你方又一直轻声细语、好言好气的，再生气的人此时也消火了，可以展开比较平心静气的谈判。）

在商场上，当我们碰到气冲冲的另一方，有时候真的是我们理亏，好比前一节所说的 A 工厂；有时则是状况不明，还不知道问题出在哪里。但是无论如何，都要善用这三招：先认错、同理心、好好讲。

如果确定是我方的错，好比是上一节的 A 工厂，如何在讲话时，让对方感到心中舒坦呢？我这里有个"道歉三部曲"：第一是道歉；第二是谢谢对方宽宏大量；第三是搬出名人的话。

例如，像上一节 A 工厂的例子，在 B 公司陈老板骂过 A 工厂张老板，也获得他的解释道歉后，此时陈老板气基本消了。这时张老板向对方使出这三部曲：

"陈老板啊，总之这次我们很对不起您，货没能赶得上今天交期，我们一定全天候赶工，明天内交给您。也非常谢谢您的宽宏大量，本人铭感在心。"

张老板接着打出名人牌，引用企业家马云的话，"记得我最尊敬的企业家马云先生，他曾经说过：'人的一生要有三个机会，第一个机会，是别人给我们的机会，第二个是我们给自己机会，第三个是我们给别人机会。'我想以陈董您的 Level（层次），您是到了给别人机会的时候了，真的让我见识到您的高度了，我很佩服您。"

一席话下来，原本来兴师问罪的陈老板，反而喜滋滋地回去了，心中可能还在想："拿马云来和我相比耶！我是高层次、有气度的人。"

不论是作为客服人员或公司之间的谈判，很重要的一点是：即使处在弱势，你可以道歉，但绝对不要"否定自己"。当你否定自己，你就已经失去谈判的资格了，对方会想："你都不能为自己说话了，那我现在是和谁谈判？"

　　时常见到谈判场合，一方气冲冲，另一方则是畏畏缩缩。生气的一方大声说："你没资格和我谈，赶快找一个够资格的人出来讲话。"当谈判谈到这地步，位居第一线的人，既不能消对方火气，又硬是被迫把老板这张王牌搬出来。

　　讲句难听的话，那公司聘请你干吗？！你连"谈判的资格"都没有。

　　人与人相处，要做到让人喜欢你，而让人喜欢你的前提，就是"自己要喜欢自己"。

　　史书中称赞一个善于谈判的人，常会使用一个成语"不卑不亢"，这是很高的境界。

　　如果双方势均力敌，那就用不着"不卑不亢"；或者情势根本是你强他弱，那就更不用说了。真正会应用到谈判技巧的，绝对是当你处于劣势的情况下。而所谓"时势造英雄"，历史上一些人物之所以有出头天，就是因为他们可以在最不利于自己的环境下，拼出一番天地。

　　今天起，不要怕谈判，不论是和老板、客户或是老婆。

　　老婆："死鬼，这么晚你死去哪里了？不给我说清楚，今晚决不善罢甘休！"

　　老公："对不起亲爱的，让你等那么晚是我的错，我罪该万死。说真的，看到你那么晚还没睡，我真的很心疼，你白天理家已经那么操劳了，现在还要为我担心。亲爱的，我真的好心疼你。"

老婆（火气已消退不少）："少说这有的没的，老实说，今晚是不是去喝酒了？"

老公："亲爱的，那天我听到一个客户提到，他有引进国外的设计装潢，我知道老婆你一直对装潢的事很关心，我心想，'如果可以帮老婆探听一下新信息，她一定会很高兴。'所以今晚就和那位客户去喝了点酒。搞那么晚，害你担心我，也不能睡，真的好心疼喔！"

老婆："死鬼，讨厌！"

这……化干戈为玉帛，世界和平，不是挺好的吗？

第 38 招

向《孙子兵法》 学谈判四大招

　　谈判的场合很多，有时候是"小虾米对大鲸鱼"，然后你就是那小虾米，或者有时候你也扮演大鲸鱼。但更多时候，是状况不明，或者双方势均力敌，也或许对方还暗藏玄机。总之不论如何，有四种战术，我们要随时视状况灵活应用。

　　这四种战术，就是来自《孙子兵法》的四招：

　　第一，能而示之能；

　　第二，能而示之不能；

　　第三，不能而示之能；

　　第四，不能而示之不能。

　　什么时候要"能而示之能"呢？就是谈判时摆明了要让对方知难而退，或者是居于强势的一方想要让谈判更顺畅。

　　例如："张老板，我这里有四千万元的订单，要的是 A 级品每件单价 5 元，如果你们不能接下，那我换别家了。"这种下马威式的谈判，可以少了拐弯抹角、杀价折冲的流程，意思就是："我最大，你得听我的；若敢不听，那我就换掉你。"

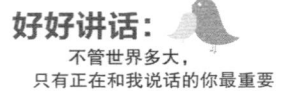

什么时候要"能而示之不能"，这就是谈判时的一种手段，故意让对方失去戒心，或者不让对方得寸进尺。

例如：

甲老板："这是我们公司出品的卡通杯组系列，一个只要一元，送礼自用两相宜，是我们很推荐的商品。"

乙老板："你们就只有这样的货色吗？老实说，我们要的是更高档的马克杯，要一万个。"

甲老板："这系列的卡通杯很实用很棒的。"

乙老板："可惜啦！若你有马克杯组，我们本来可以一个出价两元买的呢！哈哈，我先走了。"

甲老板："且慢！我正要跟你介绍我们公司顶级的马克杯组呢！符合你说的一个两元的等级。"

乙老板："那你刚怎么不说？"

甲老板："我正要讲，只是刚还没讲到。"

（其实甲老板早就探听到乙老板在找一万个马克杯，且需求很急，故意以能示不能，让乙老板透露出底价，一旦说出口，他就无法反悔。）

另一种的"能而示之不能"招数，大家也都常使用。

例如营销业务人员向你推销东西，大家都会想尽方法挡掉，其中一种方法就是表明："现在是月底，我钱包空了！"其实你户头还有很多钱。这种"能而示之不能"，就是为了不让对方得寸进尺。

那何时要使用"不能而示之能"这招呢？

这个相信大家更常用了！最常见的是去面试时，哪一个人不是把自己功力夸大个十倍？！

明明朋友不多，却向面试官说自己"人际关系很好"；明明最大的嗜好是窝在沙发上打电玩，却向面试官说自己"热爱学习，不断成长"。个人都如此了，在商场上更需要。

基本上，所有希望让人对自己"有期待"的状况，例如厂商要客户跟他买东西，公司业务间需要取得另一方的订单等，就适用这招。

但这样的谈判有一个前提，就是你的承诺要审慎。也许当下你没有，而和对方夸说你有，但你必须很确定，那是自己今后可以做到或者可以用其他方法弥补的。否则若你真的做不到，还夸称自己做得到，那就不叫谈判，而是一种欺诈了。

最后一种是："不能而示之不能。"

这也是商场上常用的。为什么要让自己的弱点被对方看到呢？有什么好处？这就是孙子兵法所说的"攻心为上"。

甲老板："我们公司下个月需要出货五万件的电路板，要下单买一千万组的零件。"

乙老板："老陈，和你那么熟了，我什么事都不会隐瞒你。坦白跟你说，以我们公司的产能，一个月最多只能出货五百万组。我不想耽误你的交期，来，我看有没有其他管道帮你介绍……"

甲老板："谢谢你对我那么坦白。好吧！其实我刚刚的信息也有误，我们是三个月后才要交货，我只是预留多一点弹性时间，既然你坦白跟我说你的状况，订单还是给你吧！"

有时候，当你可以交心，换得对方的信任，反而可以得到更多。

在生活中，各个场合都可以轮流使用这四招谈判战术，好比说：

在家里，我常和小孩说："赶快去睡觉，不然我就把玩具全丢掉。"当然我不会真丢掉，这是以"不能而示之能"，让孩子上床。

放眼生活周遭，那些能将这四种招式应用得得心应手的人，通常都是谈判高手，也往往是在商场或生活中备受喜爱的人。